総務・法務担当者のための

会社法入門

金子登志雄 ［著］
Kaneko Toshio

中央経済社

はしがき

　実社会では，会社の経営者や法務総務部勤務でなくとも，会社の運営や管理に正確な法律上の知識や判断を求められることが多々あります。法学部出身でもないのに，突然，勤務先から子会社の設立や解散を命じられた，子会社との合併手続の担当を命ぜられたなどということもあるでしょう。

　その際には，その道の専門家に問い合わせながら，泥縄で勉強するしかありませんが，著者の私も，しばしば，こういった質問を受けております。「一切私に任せて，他の仕事に集中してください」と申し上げても，「上司に説明しなければならないので，自分でも理解しておかなければならない」ということのようで，お気の毒としかいいようがありません。

　そこで，こういう場合に備え，法律の素養がなくとも，その都度，必要な専門知識や問題点を素早く調べられる実務に役立つ会社法の入門書が必要かと考え，本書の出版に挑戦してみました。

　入門書とはいえ，即戦力として実務に役立つ内容ですから，決して，浅い内容ではありません。法律事務所や司法書士事務所など専門家側と対等に会話し，時には専門家側の間違いを指摘することもできる内容にしてあります（その意味では専門家側にも，社会人である国家試験受験生にも役立つ内容です）。

　きっと本書を手にした社会人の方は，ここは分かりやすいのに，ここは難解すぎるとお感じになる部分が多々あるでしょうが，社会人経験豊富な方ほど後者がより少ないと予想します。例えば，経理部や財務部に勤務経験のあるなしで，会社の計算部分の難度が大きく異なりますし，株式投資経験の差も，株式についての理解に影響します。私自身も，過去の様々な職務経験の全てが現在に大いに役立っています。したがって，難解とお感じになる部分も，経験の差あるいは馴染みの濃淡が原因と思われますから，いずれは自然にご理解いただ

けるものと確信しております（逆に，本書を社会人として必要な教養を得るために，利用することも有益だと信じております）。

　なお，法務の学習は，しばしば誤解されておりますが，大量の法律知識を習得することではなく，少ない知識であろうと，課題事項に対して，どう的確に対処するかという知恵（法的思考や判断力・応用力）を鍛えることです。その知恵は健全な社会常識と一致し，多くの方に受け入れられる内容でなければなりません。法律解釈学は他に対する説明・説得学でもあります。

　そのため，本書75項目のうち，必要な部分及びその周辺部分を集中的に理解し，対処法をご自身で判断できるようにすることが重要であり，当面は問題意識も意欲もわかない無関係な部分にまで目を通す必要はありません。

　本書により皆様が生きた実学・会社法に親しみ，日々の業務に活用する契機にしていただければ幸いです。

平成29年9月吉日

　　　　　　著　者　ESG法務研究会代表司法書士　金子登志雄

目　　次

はしがき

第1章　株主総会の基礎知識

第1話　定時株主総会とは …………………………………………………… 2

第2話　定時株主総会と基準日 …………………………………………………… 7

第3話　定時株主総会の議題 …………………………………………………… 10

第4話　株主総会の招集通知と同封書面 …………………………………… 13

第5話　株主総会議事録 …………………………………………………… 17

第6話　株主総会の決議要件 …………………………………………………… 22

第7話　株主総会等の書面決議 …………………………………………………… 24

第2章　役員変更登記の準備

第8話　株主リストと本人確認証明書 …………………………………………… 28

第9話　商登規則61条適用の具体例 …………………………………………… 34

第3章　会社・株式会社とは何か

第10話　会社とは何か …………………………………………………… 46

第11話　会社の種類 …………………………………………………… 49

第12話　株式会社の統治機構 …………………………………………………… 52

第13話　株式会社の定款 …………………………………………………… 58

第14話　株式会社の登記記録 ……………………………… 69

第15話　株式会社の設立 ……………………………………… 73

第16話　合同会社の設立 ……………………………………… 76

第4章　株式と新株予約権

第17話　株式と株券 …………………………………………… 82

第18話　自己株式 ……………………………………………… 85

第19話　株主権と株式の共有 ……………………………… 88

第20話　発行可能株式総数 ………………………………… 91

第21話　株式の併合と分割 ………………………………… 92

第22話　株式併合とキャッシュ・アウト ……………… 96

第23話　株式の分割と無償割当て ……………………… 97

第24話　単元株式制度 ……………………………………… 98

第25話　譲渡制限株式 …………………………………… 100

第26話　種類株式とその歴史 …………………………… 104

第27話　種類株式についての誤解 …………………… 107

第28話　種類株主総会の実務 …………………………… 109

第29話　募集株式の募集 ………………………………… 111

第30話　募集株式の総数引受け ……………………… 115

第31話　募集新株予約権の特徴 ……………………… 117

第32話　金銭以外の出資（現物出資）………………… 119

第33話　出資と資本金 …………………………………… 121

第34話　自己株式の合意取得 ………………………… 123

第35話　承継概念と承継人に対する売渡しの請求 … 125

第5章　株式会社の機関

第36話	機関とは ……………………………………………………	*130*
第37話	機関，役員，役員等，忠実義務 ……………………………	*133*
第38話	役員等の員数と任期 …………………………………………	*136*
第39話	機関設置と役員等の就任 ……………………………………	*139*
第40話	取締役と代表取締役 …………………………………………	*141*
第41話	業務執行取締役と社外取締役 ………………………………	*144*
第42話	2種類の監査役 ………………………………………………	*146*
第43話	補欠（予選と選任），後任，増員 …………………………	*148*
第44話	任期の伸長・短縮と事業年度の変更 ………………………	*151*

第6章　株式会社の計算

第45話	貸借対照表と損益計算書 ……………………………………	*156*
第46話	株主資本の構造 ………………………………………………	*158*
第47話	減資ほか株主資本内部の振替行為 …………………………	*163*
第48話	公告方法と決算公告 …………………………………………	*166*
第49話	官報公告の知識 ………………………………………………	*168*
第50話	募集株式の発行等の計算 ……………………………………	*171*
第51話	分配可能額 ……………………………………………………	*175*
第52話	自己株式と分配可能額 ………………………………………	*178*
第53話	分配可能額と欠損と損失 ……………………………………	*181*
第54話	欠損てん補と損失処理の演習 ………………………………	*183*

第7章　定款変更，事業譲渡，解散・清算

第55話　取締役会で決議できる定款変更ほか …………………………… *188*

第56話　事業の譲渡と現物出資 …………………………………………… *190*

第57話　株式会社の解散事由と期限付解散 ……………………………… *193*

第58話　清算株式会社と取締役会 ………………………………………… *196*

第8章　組織変更と組織再編

第59話　組織変更 …………………………………………………………… *200*

第60話　吸収型再編と新設型再編 ………………………………………… *203*

第61話　吸収型再編契約と新設型再編計画 ……………………………… *206*

第62話　合併とは何か ……………………………………………………… *209*

第63話　吸収合併に対する誤解 …………………………………………… *212*

第64話　会社分割とは何か ………………………………………………… *215*

第65話　会社分割と債権者保護 …………………………………………… *218*

第66話　株式交換と株式移転 ……………………………………………… *220*

第67話　合併等対価の柔軟化と割当て …………………………………… *222*

第68話　無対価の組織再編 ………………………………………………… *226*

第69話　株主総会決議の強化と簡易・略式再編 ………………………… *229*

第70話　組織再編の計算（出資型） ……………………………………… *231*

第71話　組織再編の計算（BS合算型） …………………………………… *234*

第72話　２種類の無対価合併 ……………………………………………… *236*

第73話　計算の復習と計算規則39条２項問題 …………………………… *239*

第74話　組織再編の手続に関する実務Q＆A …………………………… *242*

第9章　会社法の考え方

第75話　総まとめ（会社法の考え方）……………………………………… *248*

第1章

株主総会の基礎知識

第1話　定時株主総会とは

第2話　定時株主総会と基準日

第3話　定時株主総会の議題

第4話　株主総会の招集通知と同封書面

第5話　株主総会議事録

第6話　株主総会の決議要件

第7話　株主総会等の書面決議

第1話　定時株主総会とは

　総務・法務部員等を含めて，社会人の皆様にとって，会社法との接点は御社の定時株主総会が中心でしょう。また，御社自身は，おそらく取締役会が存在し，監査役もいる日本では伝統的なごく通常の株式会社でしょう（こういうのを会社法では，**取締役会設置会社**，**監査役設置会社**といいます）。したがって，会社とは何かは後回しにして，ごく通常の株式会社の定時株主総会の説明からはじめます。

　さて，あらゆる団体・組織には，構成員全員が参加して重要事項を決定する総会という会議体があり，事業年度末日の2，3か月後に行われる通常総会と臨時に行われる臨時総会とがあります。皆様がお住いのマンションの管理組合にも，通常総会，臨時総会があります（ついでながら，管理組合の理事会は株式会社の取締役会，理事長は代表取締役，監事は監査役に該当します）。

　株式会社の場合には，構成員のことを「株主」といいますから，通常総会のことは「**定時株主総会**」，臨時総会のことは「**臨時株主総会**」といいます。

　会社法の面から定時株主総会を説明しますと，

①　毎年一定の時期に行われる株主総会であり，

②　主として事業年度（当期）の事業成績を表す**計算書類**（貸借対照表や損益計算書など）**の承認**（又は報告）や

③　定時株主総会終結と同時に任期満了退任する役員（取締役や監査役）の改選を行う株主総会のことです。

④　剰余金の配当も定時株主総会で決議するのが通常です。

　会社法には，次のような規定があります（少しずつでも条文集で確認するようにしてください。条文集は重要条文に私のミニ解説が付いている中央経済社刊『「会社法」法令集』が好評でありお勧めです）。

　なお，条文は，「条→項→号」の配列となり，第○条第○項第○号などといいます。項がなく，条の次が号の場合もあります。条文集では，一般に号は漢

数字（一, 二, 三………）で表されています。

▲会社法第296条（株主総会の招集）第1項

　定時株主総会は, 毎事業年度の終了後一定の時期に招集しなければならない。

　（注）定款に「当会社の定時株主総会は, 毎事業年度末日の翌日から3か月以内に招集し, 臨時株主総会は, 必要に応じて招集する」と定めているのが通常です。

▲会社法第332条（取締役の任期）第1項

　取締役の任期は, 選任後2年以内に終了する事業年度のうち最終のものに関する定時株主総会の終結の時までとする。ただし, 定款又は株主総会の決議によって, その任期を短縮することを妨げない。

　（注）**譲渡制限株式**（定款で「当会社の株式を譲渡により取得するには, 取締役会の承認を受けなければならない」などと定め, 譲渡に会社の承認を要する旨の制限が課せられた株式）のみを発行する株式会社（一般に「**非公開会社**」といい, 上場会社の子会社を含めて未上場会社のほとんどがこれです。御社も上場会社でなければ, 非公開会社だと思われます）では, 選任後10年以内まで任期を延長することができます。監査役についても同様に任期を延長することができます。

▲会社法第336条（監査役の任期）第1項

　監査役の任期は, 選任後4年以内に終了する事業年度のうち最終のものに関する定時株主総会の終結の時までとする。

　（注）監査役の任期は原則として短縮することができません。

▲会社法第438条（計算書類等の定時株主総会への提出等）

　1項：次の各号に掲げる株式会社においては, 取締役は, 当該各号に定める計算書類及び事業報告を定時株主総会に提出し, 又は提供しなければならない。

　（注）提出は紙, 提供は紙以外での情報を意識した用語です。

　　一〜二　（略）

　　三　取締役会設置会社

　　　　第436条第3項の承認（注：取締役会の承認）を受けた計算書類及び事業報告

四　（略）

2項：前項の規定により提出され，又は提供された計算書類は，定時株主総会の承認を受けなければならない。

（注）これで，いわゆる決算が確定するわけですが，定款の定めにより<u>会計監査人（監査法人など）を置く株式会社（**会計監査人設置会社**という。主に資本金5億円以上の大会社）では取締役会の承認で決算が確定し，定時株主総会へは報告で足ります（439条）。</u>

3項：取締役は，第1項の規定により提出され，又は提供された事業報告の内容を定時株主総会に報告しなければならない。

（注）提出するだけでは足りず，内容の報告も義務付けられています。なお，事業報告とは「当社を取り巻く経済環境がこれこれの中，当期の売上げや経常利益はどうだった。当社の現状はこうで，今後の課題はこれこれだ」などを記載した当期1年間の事業状況の報告です。インターネットで上場会社のHPを開き「株主総会招集通知」で検索すると，その中に記載されています。

　事業年度（会社法では「営業年度」とはいいません）は，会社によって異なり，会社の根本規則である「定款」に定めるのが一般的です。3月決算であれば，「当会社の事業年度は，毎年4月1日から翌年3月31日までの年1期とする」と定款に定めるのが通常です（「決算期」という単語は会社法にはありません。「事業年度の末日」といいますので，ご注意ください）。

　事業年度を半年ごとの年2期にすることも四半期（年の4分の1である3か月間のこと）ごとの年4期にすることも自由ですが，いまは年1期の年度決算が一般的です。そのため，定時株主総会も年1回の恒例行事になっているわけですが，その代わり，期末配当と中間配当の年2回の配当や四半期ごとの配当を行うことも可能です。

　なお，定時株主総会は「毎事業年度の終了後一定の時期」に行われるものだとしても，大震災等により予定の時期に開催することができない事態も生じます。その場合でも，年度決算の締めをする株主総会は定時株主総会だといって

よいでしょう（役員の任期が延長するかは別問題です）。平成23年3月11日に発生した東日本大震災の折に，これが問題になりました。

【実務Q&A】

Q1 そもそも会社法とは何ですか。

A1 株式会社や合同会社など会社のことを規律した法律であり，平成18年5月から施行されています。それまでは，主として，商法という法律で規定していましたが，商法の中の会社部分を取り出して有限会社法などと統合したのが会社法です。

....

Q2 会社法の勉強を始める際の注意点は何ですか。

A2 会社法の条文は979条まであり，大変な分量ですが，その半分以上は，皆様の業務に無関係な規定です。特別清算や社債の部分などは開くこともないでしょうし，御社が通常の株式会社である限り，指名委員会等設置会社の部分も必要がないことでしょう。業務に関連する部分だけをしっかり条文で確認する習慣をつければ，自然に身近な存在になります。なお，取締役会設置会社とか，発行可能株式総数とか，凝縮した用語が多いのですが，日本語ですから，すぐに慣れます。パソコン用語よりは，ずっと分かりやすいはずです。

....

Q3 ところで，なぜ3月決算の会社が多いのですか。

A3 国や地方公共団体の会計年度に合わせたものと思われます（財政法11条，地方自治法208条1項）。

....

Q4 中小企業では3月決算会社でも5月に定時株主総会を開催する例が多いようですが，なぜですか。

A4 税務申告を事業年度終了後2か月以内に行わなければならないためです。届け出れば延期することができます。

....

6

Q5 決算書類ではなく計算書類というのですか。

A3 そのとおりです。計算書類には，貸借対照表，損益計算書，株主資本等変動計算書，個別注記表の4つがあります（435条2項，計算規則59条1項）。事業報告は計算書類に含まれません（本書12頁）。

　貸借対照表は事業年度末日時点の会社の財産状況，損益計算書は事業年度の期間の損益状況（売上げ，営業利益，経常利益，当期純利益など）を表すものです。点と線の関係であり，貸借対照表は一時点の財産目録，損益計算書は1年間の家計簿とでも思ってください。株主資本等変動計算書は，貸借対照表の純資産の部の各項目（資本金，資本剰余金，利益剰余金など）が，この当期事業年度にどう推移したかを表すものであり，個別注記表は貸借対照表などの注記をまとめたものです。詳細は本書155頁以下をご参照ください。

....

Q6 会計監査人のいない会社を前提とすると，定時株主総会で承認するまでは確定した計算書類とはいえないのですか。

A6 定時株主総会に提出されるのは貸借対照表「案」，損益計算書「案」ですし，半期ごとや四半期ごとの貸借対照表等は，未確定のものになります。

....

Q7 当社では決算承認の議案を「計算書類及びその附属明細書の承認の件」としていますが，附属明細書の承認は不要ですか。

A7 取締役会では承認しますが，株主総会には提出する必要も承認する必要もありません（436条3項，437条，438条）。

....

Q8 旧商法時代の営業年度が事業年度と用語が変わった理由は何ですか。

A8 他の法人に関する法令では営業でなく事業としているため，それと合わせたものです。また，個人商人の営業概念と区別するためだとされています。

　なお，旧商法時代の「営業報告書」も現在は「事業報告」に変わりました。

第1章　株主総会の基礎知識　**7**

第2話　定時株主総会と基準日

　3月決算の会社は，なぜ5月や6月に定時株主総会を招集するのかというと，基準日との関係です。基準日というのは，株主は株式の譲渡等により日々変わるものという前提のもとに，定時株主総会で議決権を行使することのできる株主や剰余金の配当を受ける株主を一定時点に固定するための制度です。通常は事業年度末日に設定し，定款に次のように規定しています。

▲定款第○条（基準日）

　当会社は，毎年，事業年度末日最終の株主名簿に記載又は記録された議決権を有する株主をもってその事業年度に関する定時株主総会において権利を行使することができる株主とする。

▲定款第○条（総会の招集）

　当会社の定時株主総会は，事業年度末日の翌日から3か月以内に招集し，臨時株主総会は必要に応じて招集する。

▲定款第○条（剰余金の配当）

　剰余金の配当は，毎事業年度末日最終の株主名簿に記載又は記録された株主又は登録株式質権者に対して支払う。

　つまり，3月決算であれば，定時株主総会は期末後3か月以内に行われ，その時に議決権を行使することができるのも，配当を受けられるのも，3月31日時点の株主だということになります。したがって，4月や5月に株主になっても，定時株主総会の招集通知は来ませんし，配当も受けられないのが原則です。この3か月以内の根拠は，会社法第124条です。

▲会社法第124条

　1項：株式会社は，一定の日（以下この章において「基準日」という。）を定めて，基準日において株主名簿に記載され，又は記録されている株主（以下この条において「基準日株主」という。）をその権利を行使することができる

者と定めることができる。

2項：基準日を定める場合には，株式会社は，基準日株主が行使することができる権利（<u>基準日から3箇月以内に行使するものに限る</u>。）の内容を定めなければならない。

3項：株式会社は，基準日を定めたときは，当該基準日の2週間前までに，当該基準日及び前項の規定により定めた事項を公告しなければならない。ただし，<u>定款に当該基準日及び当該事項について定めがあるときは，この限りでない</u>。

（注）基準日は議決権だけの制度ではありません。また，定めなければならないものとはされておりません。

　上場会社のように株主が多数で，株式の市場での売買が自由になされる場合は，一定の時点で区切らないと誰が株主であるか分かりません。毎年行わなければならない定時株主総会の都度，今回の基準日は平成○年○月○日だと決めて公告するのも大変ですから，上記のように，事業年度の末日を基準日として定款に定めておくのが通常です。

　事業年度末日の3月31日を基準日として定めた限り，6月30日までに定時株主総会を開催しないと，また基準日を定めなければならないため，8月や9月に定時株主総会を開催すればよいというわけには行かないのです。

　かといって，4月30日や5月31日を基準日とすると，4月から翌年3月までの事業年度を締める定時株主総会でありながら，その事業年度内に株主でなかった者にまで議決権や剰余金の配当の権利を与えることになり，別の問題が生じそうです。

　なお，手書きで株主の異動を株主名簿に記載していた昔は，基準日制度のほかに，事業年度末日の翌日から定時株主総会まで株主名簿の名義の書換えを制限する「株主名簿閉鎖制度」というものがありましたが，コンピュータ処理の現在はその必要もなくなり，会社法施行（平成18年5月）以前の旧商法時代に廃止されています。

【実務Q＆A】

Q1 3月決算のA社の定時株主総会の基準日が3月31日だとすると，A社が4月1日にB社を吸収合併し，新たにA社の株主になった旧B社株主は，A社の定時株主総会で議決権を行使することができないのですか。

A1 そういうことになりますので，会社法第124条第4項が「基準日株主が行使することができる権利が株主総会又は種類株主総会における議決権である場合には，株式会社は，当該基準日後に株式を取得した者の全部又は一部を当該権利を行使することができる者と定めることができる。ただし，当該株式の基準日株主の権利を害することができない」と規定しています。

....

Q2 株式投資用語で「権利落ち」という用語がありますが，これは基準日に関係しているのですか。

A2 深く関係しています。上場株式を購入した場合は，手続上，営業日計算で購入日の3日後に株主になります。3月31日までに株主となり配当金がほしいという場合には，権利確定日である28日までに株式を購入しなければなりません。29日に購入しても「権利落ち」になります。3月31日が株式分割の基準日である場合も，同じです。逆に，28日までに購入し29日に売却しても，31日時点の株主として扱われ，定時株主総会の招集通知が来ますし，配当金も受領することができます。なお，株式分割とは，1株を2株に分割するなど，株数を増やす行為であり，株主の持株比率に影響がありませんから，取締役会で決定することができます（183条2項）。

....

Q3 臨時株主総会を開催するには常に基準日を定めるのですか。

A3 基準日を定めるかどうかは会社の自由です。定めない場合は，株主総会時点の株主名簿上の株主が権利者として扱われます。株主が少数で固定されている中小企業では基準日を定める必要はないでしょう。ちなみに，株式分割の場合は，増えた株式を割り当てる関係で，割当日を基準日として定める必要があります（183条2項1号）。

10

第3話　定時株主総会の議題

　定時株主総会の議題（会議の目的事項）は，一般的には，次のようになります。上場会社であれば，インターネットの検索で株主総会招集通知の実例がすぐにみられますので，ぜひ試してみてください。

（一般の中小企業（上場会社の子会社を含む））

```
３．会議の目的事項
　　報告事項　第○期（平成○年４月１日から平成○年３月31日まで）事
　　　　　　　業報告の内容報告の件
　　決議事項
　　　　第１号議案　第○期計算書類承認の件
　　　　第２号議案　剰余金処分の件
　　　　第３号議案　取締役○名選任の件
```

（会計監査人を置く株式会社）

```
３．会議の目的事項
　　報告事項　第○期（平成○年４月１日から平成○年３月31日まで）事
　　　　　　　業報告及び計算書類報告の件
　　決議事項　（略：計算書類の承認は議題にならない）
```

（会計監査人を置く連結決算会社，主に上場会社）

```
３．会議の目的事項
　　報告事項
　　　　１．第○期（平成○年４月１日から平成○年３月31日まで）の事業
　　　　　　報告及び連結計算書類並びに会計監査人及び監査役会の連結計算
　　　　　　書類監査結果の報告の件
　　　　２．第○期（平成○年４月１日から平成○年３月31日まで）計算書
　　　　　　類報告の件
　　決議事項　（略：計算書類の承認は議題にならない）
```

株主総会などの会議は原則として一定の目的を持って招集されるものですが，定時株主総会では，事業年度の事業報告をし，計算書類を承認するために招集されるのが原則です。

会議の**目的事項**には報告事項と決議事項の2つがあり，上記のとおり，会計監査人（337条により，公認会計士や監査法人に限られる）を置く会社では，計算書類も**報告事項**になります（439条）。その場合に，決議事項がない場合には，報告だけの定時株主総会になるわけですが，実例もあります。

決議事項については，会社提案の議題（あるいは株主提案の議題）の内容（議案）を前面に出して，上記のように，第何号議案とするのが一般的です。

議案の見出しの立て方は自由ですが，慣例的な表現にするのが一般的です。例えば，定款に規定された商号と目的（会社の事業目的）だけを変更したいという場合には，「商号及び目的の変更の件」ではなく，より広く「定款一部変更の件」とします。「剰余金配当の件」ではなく，より広く「剰余金処分の件」とするのも同様です。剰余金というのは，株主が自由に処分することのできる会社の余剰金のことですが，配当するだけでなく，会社が何らかの目的で任意積立金に回すこともありますので，より広く「剰余金処分の件」という議案にしておけば融通が利くからでしょう。

なお，役員の改選については，「取締役○名選任の件」とすることが多いのですが，中小企業では，員数を記載せずに「取締役選任の件」とすることもあります。

【実務Q＆A】

Q1 議題と議案の区別を分かりやすく説明してください。

A1 議題は会議のテーマに過ぎず，そこに意思はありませんが，議案は「………を決議（可決）してほしい」という意思の入った「提案（決議案）」になります。「計算書類承認の件」であっても，定時株主総会招集通知に添付されているのは，会社提案の貸借対照表「案」，損益計算書「案」などに過ぎず，総会の承認があってはじめて「案」が取れて，確定した貸借対照表，損益計算

書になります。したがって,「第○号議題」としてもよいのですが,慣例で会社提案の議案を表に出して,「第○号議案」とするのが一般的だということです。

Q2 報告事項だけの場合に,定時株主総会を省略することはできませんか。

A2 株主全員が省略に同意すれば可能ですが(320条),そうでない限り必要です。上場会社の定時株主総会でいうと,1年に1度の定例の儀式あるいはイベント化しており,内紛でもない限り,決議事項があるかどうかで会議の運営が大きく異なることはありません。

Q3 かつて,某上場会社では,「取締役13名選任の件」を定時株主総会招集通知発送後に「取締役10名選任の件」と変更しましたが,このような議案の修正は許されるのですか。

A3 議案の同一性を失うほどの「変更」であれば問題もあるでしょうが,本件は取締役候補者を追加又は差替えたものではなく,会社提案内容の一部撤回に過ぎません。総会議場でも可能であり,私は問題ないという意見です。

Q4 旧商法時代の営業報告書と相違し,会社法では,事業報告は計算書類に含まれないのですか。

A4 旧商法第281条第1項では,「貸借対照表,損益計算書,営業報告書,利益の処分又は損失の処理に関する議案」が計算書類でしたが,会社法では,計算書類から除外されました。したがって,会計監査人のチェックの対象でもありません。

Q5 旧商法時代は営業報告「書」といったのに,会社法では事業報告「書」といわないのは,なぜですか。

A5 インターネット時代です。情報の提供にあたり,書面に限定しては不都合だからです。会社法の条文に,「提出」とあったら書面,「提供」とあったら書面以外の方法と考えてよいでしょう。

第1章　株主総会の基礎知識　　**13**

第4話　株主総会の招集通知と同封書面

　株主総会という会議を開催するには，いつ・どこで・何を議題にして集まるのかを決めて，招集通知を発しなければなりません。取締役会のある会社では，株主総会日の原則として1週間前までに書面で発する必要がありますが，上場会社のように株式譲渡が自由に行われる株式会社（**公開会社**という）にあっては，2週間前までに発しなければなりません（299条1項・2項）。

　条文には「株主に対してその通知を発しなければならない」とありますので，他の通知と相違し，到着時基準ではなく発信時基準になっています。

　この「1週間前までに」「2週間前までに」は，民法の期間計算によりますから，発信日の翌日の午前0時から起算して1週間又は2週間を空けねばなりません。株主総会の開催日が水曜日であれば，招集通知の発送日は1週間前又は2週間前の火曜日までということになります。一般にこれを「中<ruby>7<rt>なか</rt></ruby>日」「中14日」などといいます。もっとも，最近の上場会社の傾向では，十分にゆとりをもって3週間も前に発することが多くなりました。

　株主総会招集通知には，議案についての説明書や議決権行使に関する書面を同封しますが，さて，ある中小企業の定時株主総会招集通知に「なお，当日ご出席願えない場合には，添付書類をご検討いただき同封の委任状用紙に議案に対する賛否をご表示，ご押印のうえご返送ください」とありました。

　これにつき，会社法第298条第1項第3号の「株主総会に出席しない株主が書面によって議決権を行使することができることとするときは，その旨」を取締役会で決定していないのに，このような方法を採用したとするなら違法だとの意見が法律家の間からも出されることがあります。

　しかし，これは間違いです。この方法は代理人を株主総会に出席させて議決権を行使させる「委任状」方式であって，書面の返送が議決権の行使そのものになる会社法第298条第1項第3号の「書面投票」方式ではありません。書面投票であれば，「**議決権行使書面**」という用語を使い，「同封の議決権行使書用

紙に議案に対する賛否をご表示のうえご返送ください」という文章になります。

現在では，大会社かどうかを問わず上場会社では株主数が多いため議決権行使書面方式を採用し，非上場会社は委任状方式を採用するのが通常です。

いずれの場合も議案等の説明書として，「（株主総会）参考書類」を株主総会招集通知に添付する必要があり，その内容は法令に従わなければならず，役員選任議案であれば略歴を記載するなど分量も多くなるため，非上場会社では，その制限を回避するため，「参考書類」という用語を避け，添付書類という用語を使い，「添付書類をご検討いただき」という表現にすることが多いといえます。法定の参考書類ではないため，内容も簡略にすることができます。

なお，株主総会の招集に関する主要会社法条文は次のとおりです。

▲会社法第298条（株主総会の招集の決定）第1項第3号・第4号

　三　株主総会に出席しない株主が書面によって議決権を行使することができることとするときは，その旨

　四　株主総会に出席しない株主が電磁的方法によって議決権を行使することができることとするときは，その旨

▲会社法第299条（株主総会の招集の通知）第1項

　株主総会を招集するには，取締役は，株主総会の日の2週間（前条第1項第3号又は第4号に掲げる事項を定めたときを除き，公開会社でない株式会社にあっては，1週間（当該株式会社が取締役会設置会社以外の株式会社である場合において，これを下回る期間を定款で定めた場合にあっては，その期間））前までに，株主に対してその通知を発しなければならない。

▲会社法第301条（株主総会参考書類及び議決権行使書面の交付等）第1項

　取締役は，第298条第1項第3号に掲げる事項（注：書面投票）を定めた場合には，第299条第1項の通知（注：招集通知）に際して，法務省令で定めるところにより，株主に対し，議決権の行使について参考となるべき事項を記載した書類（以下この款において「**株主総会参考書類**」という。）及び株主が議決権を行使するための書面（以下この款において「**議決権行使書面**」という。）を交付しなければならない。

第1章　株主総会の基礎知識　　*15*

　上記の議決権行使書面方式と委任状方式の場合には，参考書類の書き方に次のような差が生じます。委任状方式は会社が会社提案の議案につき議決権の代理行使（委任）を勧誘しているわけです。

　　　　株主総会参考書類（又は「議決権の行使に関する参考書類」）
第1号議案　○○○の件
　　　　　………内容説明………
第2号議案　○○○の件
　　　　　………内容説明………

　　　　　　議決権の代理行使の勧誘に関する参考書類
1．議決権の代理行使の勧誘者
　　　　　　　　　　　　　　　　　株式会社○○○○
　　　　　　　　　　　　　　　　　代表取締役○○○○
2．議案及び参考事項
　　第1号議案　○○○の件
　　　　　　………内容説明………
　　第2号議案　○○○の件
　　　　　　………内容説明………

【実務Q&A】

Q1　株主総会の「召集」と書いてはいけないのですか。

A1　いけません。株主総会は「招集」であり，「召集」は「召集令状」のごとく天皇が行う行為です。国会は天皇が「召集」します（憲法7条）。

....

Q2　東京の会社ですが，株主総会を北海道で開催することができますか。

A2　株主総会の開催場所について法律上の制限はなくなりました。株主の議決権行使に影響がなく，株主総会の決議取消の訴訟を起こされる可能性がなければよいのではないでしょうか。また，テレビ会議や電話会議システムを利用すれば，東京と北海道の両方を会場にすることもできます。

....

Q3 なぜ，株主総会の招集通知では，委任状「用紙」に議案に対する賛否をご表示………と使うのですか。委任状ではいけないのでしょうか。

A3 委任者が委任してはじめて委任状になるのであって，それまでは単なる「用紙」に過ぎません。細かいことにこだわる株主もおられますので，こういうことまで気にして総会招集通知を作成します。議決権行使書用紙については，議決権を行使するまでは「用紙」に過ぎません。

....

Q4 委任状への押印は会社に届け出た印でなければなりませんか。

A4 会社指定の委任状である限り，株主本人からの委任と推定されるため，こだわらないのが実務です。なお，議決権行使書面の場合は押印欄が設けられていません（施行規則66条1項5号）。

....

Q5 上場会社を含め定款に「株主又はその法定代理人は，当会社の議決権を有する株主を代理人として，議決権を行使することができる。ただし，この場合には，株主総会ごとに代理権を証する書面を提出しなければならない」などと定めていますが，代理人は株主でないといけませんか。

A5 この定款規定は総会荒らしを避ける趣旨ですから，株主たる会社の従業員であれば株主でなくても受け付けられています。株主の顧問弁護士の場合はケースバイケースだと思われます。

....

Q6 会社法第299条第1項によると「株主に対してその通知を発しなければならない」とあるため，議決権の有無を問わず，全株主に招集通知を発送する必要がありますか。

A6 会社法第298条第2項で「株主（株主総会において決議をすることができる事項の全部につき議決権を行使することができない株主を除く。次条から第302条までにおいて同じ。）」と株主の範囲を限定しています。ただし，法律上の義務ではありませんが，株主総会後の決議通知は全株主に送付します。

第5話	株主総会議事録

第○回定時株主総会議事録

1．日　　　時：【総会開催日】【総会開催時刻】

2．場　　　所：【本店所在場所】当会社本店会議室

3．出 席 者：発行済株式の総数　　　　　　【　　】株

　　　　　　　この議決権を有する総株主数　【　　】名

　　　　　　　この議決権の総数　【　　】個

　　　　　　　本日出席株主数（委任状出席を含む）【　　】名

　　　　　　　この議決権の個数　【　　】個

4．議　　　長：代表取締役　【氏名】

5．出席役員：取締役　【氏名】【氏名】【氏名】，

　　　　　　　監査役　【氏名】

6．会議の目的事項並びに議事の経過の要領及び結果：

　　議長は，開会を宣し，上記のとおり定足数に足る株主の出席があったの
で，本総会は適法に成立した旨を述べ，議案の審議に入った。

第1号議案　計算書類承認の件

　　議長は，当期（【始期】から【終期】まで）における事業の状況を事業
報告により詳細に説明した後，次の書類を提出してその承認を求めた。

　　⑴貸借対照表，⑵損益計算書，⑶株主資本等変動計算書，⑷個別注記表

　　次いで，監査役【氏名】は，上記の書類を綿密に調査したところ，いず
れも正確かつ適正であることを認めた旨を報告した。ここにおいて，総会
は別段の異議なく，これを承認した。

第2号議案　剰余金処分の件

　　議長は，当期の期末配当に関して，以下のとおりとしたい旨を述べ，議
場に諮ったところ，満場一致でこれを承認可決した。

（1）配当財産の種類　金銭
　（2）株主に対する配当財産の割当に関する事項及びその総額
　　　　当社普通株式1株につき金【　　】円　総額【　　】円
　（3）剰余金の配当が効力を生じる日　平成○年○月○日
　第3号議案　取締役○名選任の件
　………………………………（中略）………………………………
7．閉　会：議長は【時刻】閉会を宣言した。
　以上，本議事録を作成し，議事録作成者が次に記名押印する。
　【総会開催日】【商号】定時株主総会
　　　　　　　議事録作成者　【代表取締役・氏名】　㊞

　定時株主総会及び臨時株主総会を問わず，株主総会議事録については，会社法施行規則第72条第3項に必要的記載事項が規定されていますが，それによると，中小企業（上場会社の子会社等を含む）でいえば，上記の例のとおりです。出席取締役の記名押印は不要であり，その代わり，出席役員を列挙します。なお，議事録作成者の押印は法律上の要請ではありません。

【実務Q＆A】

Q1　第何回定時株主総会と第何期定時株主総会という言い方があるようですが，どちらが正しいのですか。

A1　第何回という会社のほうが多いと思いますが，会社次第であり，どちらでもかまいません。なお，計算書類の場合の事業年度は第何期で，第何回とはいいません。期数と定時株主総会の回数は一致するのが原則です。

Q2　株主総会議事録には出席取締役の押印が不要であれば，取締役会議事録も同様ですか。

A2　会社法第369条第3項に「取締役会の議事については，法務省令で定めるところにより，議事録を作成し，議事録が書面をもって作成されていると

きは，出席した取締役及び監査役は，これに署名し，又は記名押印しなければ
ならない」とありますので，取締役会議事録には出席取締役の押印が必要です。
なぜ，このような差があるかというと，取締役会では議題の賛否や取締役会で
の取締役の発言が取締役の責任問題に発展するのに対し，株主総会は株主が主
役の会議であり，取締役の発言の責任が問題になる場面ではないからです。

Q3　確か，昔は議決権も何株と表したように記憶していますが，いまは何
個と数えるのですか。

A3　そのとおりです。平成13年10月施行の商法改正以降は，議決権につ
き個数で表示するようになりました。その改正で会社が保有する自社株式(「自
己株式」という)の継続的保有が全面的に解禁され（金庫株ということもあり
ます)，議決権を行使することのできない自己株式が大量に存在するのに「議
決権○○株」との表記は不適当であるため，「議決権○○個」とするようにな
りました。また，議決権数に関する単元株式数の採用が必須とされている上場
会社では，一般に1単元100株であり，100株で議決権1個であること，すなわ
ち，株数と議決権個数は異なることも影響しています。

Q4　当社の定時株主総会には会計監査人も出席し，株主席で待機している
ことがありますが，出席役員として記載が必要ですか。

A4　会社法施行規則第72条第3項第4号には「株主総会に出席した取締
役，執行役，会計参与，監査役又は会計監査人の氏名又は名称」とありますの
で，どこに座ったかと無関係に記載する必要があります。

Q5　この定時株主総会の終結と同時に取締役ABCDが任期満了退任するた
め，後任としてABCEを選任しますが，取締役候補者のEも出席役員として記
載する必要がありますか。

A5　Eはその定時株主総会終結後から取締役になりますから，記載する必
要はありません。ただし，議事録に，本総会出席中の「被選任者は席上直ちに

その就任を承諾した」との記載があると，この議事録を被選任者が就任を承諾したことを証する書面として利用することができますから，新取締役候補のEについても，あえて出席役員欄に，「取締役候補者E（住所………）」と記載して（住所記載等につき本書29頁），Eが株主総会に出席していたことに疑義が生じないようにすることもあります。

Q6 前問に関連して，この定時株主総会で取締役ABCDが任期満了退任しないとして，単に増員取締役としてEを選任した場合に，Eも出席役員として記載するのですか。

A6 Eが株主総会の途中で取締役に就任したのなら，株主総会中の取締役だから記載が必要だと一般にいわれています。しかし，私はこの考え方に批判的であり，出席役員は議案の説明義務を負う株主総会開催時からの役員に限られ，E自身も，取締役候補者として株主総会に出席したのであり，取締役の立場では出席していないという意見です。こういう疑義が生じますから，Eについては，選任の効力を株主総会終結後にするか，取締役候補者の肩書であっても出席役員として記載しておくことが無難だといえます。

Q7 株主総会議事録に押印は不要なのに，当社が依頼する司法書士は押印してくれといいますが，どう対応すべきでしょうか。

A7 登記申請に押印のない議事録を添付した場合は，訂正が必要なときに，作成し直して差し替えが必要になりますので，可能であれば，押印と訂正印をお願いします。これで誤字脱字に臨機応変に対応することができます。

Q8 当社の定款では，株主総会議事録に出席取締役の署名又は記名押印を要求しているのですが，議事録作成者だけの記名押印の議事録を作って登記を申請すると定款違反になりますか。

A8 一般的にはそういわれています。しかし，個人的意見ですが，議事録の原本は1通とは限らず，会社控え用，登記申請用，取締役Aが議事録作成

第1章　株主総会の基礎知識　*21*

者となって作成したもの，取締役Bが議事録作成者となって作成したものなど，会社が認めれば全て原本であり，定款の規定は，会社控えや株主等への閲覧用を想定したものという考え方も成り立つと考えています。いずれにせよ，早期に定款のその条項を変更したほうが安全でしょう。

Q9　株主総会議事録の作成日が総会開催日と異なる場合にも総会開催日の日を作成日にするのですか。

A9　本来は両方を分けて記載すべきでしょうが，1つしか記載しない場合は開催日にするのが無難です。その日に任期満了退任するなどの法的効果を生ずるため，混乱防止にもなります。

Q10　株主総会議事録の作成者は取締役でなければならないようですが（施行規則72条3項6号），その株主総会終結と同時に任期満了あるいは辞任で退任した取締役も作成者になれますか。

A10　本来は作成時点の取締役だと考えますが，旧商法が株主総会に出席した取締役に記名押印義務を求めていた関係で，株主総会に出席した旧取締役を作成者にすることも登記実務で肯定しています。

Q11　会社法施行規則第72条第3項をみましたが，発行済株式の総数や議決権の総数などは必要的記載事項に含まれていないようですが………。

A11　その関係で，発行済株式の総数については記載しない会社もありますが，少なくとも議決権の総数については，定足数及び決議要件（本書22頁）を満たしているかの判断材料ですから，同条同項第3号の「株主総会の議事の経過の要領及びその結果」の内容の一部としても，株主総会を開催して決議した限りは記載すべきです。

　なお，発行済株式の総数は株主総会開催日時点の株数にしても，議決権の総数は基準日現在の個数にしなければならないため，基準日後株主総会前に増資や合併により株数が増加した場合の記載につきご注意ください。

22

第6話　株主総会の決議要件

　株主総会の決議には，決議要件の軽い順にいうと，大きく分けて，一般事項に関する**普通決議**（309条１項。通常決議ともいう），重要事項に関する**特別決議**（同２項），特殊な場合の**特殊決議**（同３項・４項）の３種類があります。

▲会社法第309条（株主総会の決議）

　１項：株主総会の決議は，定款に別段の定めがある場合を除き，議決権を行使することができる株主の議決権の過半数を有する株主が出席し，<u>出席した当該株主の議決権の過半数</u>をもって行う。

　（注）定款で「株主総会の決議は，法令又は本定款に別段の定めがある場合を除き，出席した議決権を行使することができる株主の議決権の過半数をもって行う」と定足数を排除するのが一般です。ただし，役員の選解任については会社法第341条で「役員を選任し，又は解任する株主総会の決議は，議決権を行使することができる株主の議決権の過半数（３分の１以上の割合を定款で定めた場合にあっては，その割合以上）を有する株主が出席し，出席した当該株主の議決権の過半数（略）をもって行わなければならない」とされています。

　２項：前項の規定にかかわらず，次に掲げる株主総会の決議は，当該株主総会において議決権を行使することができる株主の議決権の過半数（３分の１以上の割合を定款で定めた場合にあっては，その割合以上）を有する株主が出席し，<u>出席した当該株主の議決権の３分の２（…略…）以上に当たる多数</u>をもって行わなければならない。（以下略）。

　１～12号までに，定款の変更，資本金の額の減少，組織再編など重要な決議事項が列挙されています。

　（注）上場会社では議決権を行使しない株主が多く過半数の定足数を満たさないこともあるため，定款に「会社法第309条第２項に規定する株主総会の決議は，議決権を行使することができる株主の議決権の３分の１以上を有する株主が出席し，出席した当該株主の議決権の３分の２以上に当たる多数をもって行う」

第1章　株主総会の基礎知識　　*23*

と定めている例がほとんどです。

　3〜4項：株式に譲渡制限を設定するなど，個々の株主にも影響する事項の決議要件ですが，使われることは少ないため記載を省略します。

【実務Q＆A】

Q1　　実際の株主総会では，賛成議決権何個，反対何個と数えて議事録にも記載するのですか。

A1　　実際の株主総会では拍手の有無で議長が多数の賛成と判断することもあり，議事録上も「過半数の賛成を得られた」とか「出席した当該株主の議決権の3分の2以上に当たる多数を得られた」との記載で足りますが，後日の紛争を防止するため，委任状や議決権行使書で賛成何個，反対何個と記録を残しておく必要があります。

Q2　　当社は議決権の6割を有するオーナーが存在する中小企業ですが，定款を確認しましたところ，役員の選任や特別決議事項でも，定足数が議決権を行使することができる株主の議決権の3分の1以上になっていました。これでは問題があるとの意見もあるようですが………。

A2　　オーナーが海外旅行中にでも，取締役会が反旗を翻し，株主総会を招集し，募集株式の発行と新役員選任あるいはオーナー系役員解任の決議をしたら，乗っ取りが完成します。定足数を3分の1以上に軽減するのは，議決権行使をしない株主が多い上場会社のための制度ですから，未公開中小企業では，このような定足数軽減を定款に定めるべきではありません。

Q3　　株主が分散している上場会社とはいえ，定足数で，たかだか議決権総数の3分の1を満たさないことなどあるのですか。

A3　　決してめずらしいことではありません。私（著者）の登記の顧客にもあり，議事録のほかに定款を添付して登記を申請しています。

第7話　株主総会等の書面決議

　会社法第319条（株主総会の決議の省略）第1項に「取締役又は株主が株主総会の目的である事項について提案をした場合において，当該提案につき株主（当該事項について議決権を行使することができるものに限る。）の全員が書面又は電磁的記録により同意の意思表示をしたときは，当該提案を可決する旨の株主総会の決議があったものとみなす」とありますが，これが株主総会の書面決議といわれるものです。

　株主数の少ない同族会社や上場会社の100％子会社等では定款にも定めて（定款への定めは必須ではない）頻繁に実行されていますが，株主総会の決議があったものとみなすものであって，株主総会の招集も開催もなされません。

　言い換えれば，条文の見出しにあるとおり，会議が省略されたもので，会議そのものではないということです。会議は，「**招集→多数決決議**」という経路ですが，ここは「**提案→全員同意**」という株主個々の同意方式です。会場に集合して議論する必要はありません。また，会社法第319条第1項の提案者は株主総会招集権者に限定されていません。

　したがって，同時に会社法第300条により株主総会の招集手続の省略の同意がなされたと考える必要はありません。また，会社法第345条第4項によると，辞任した監査役等は「辞任後最初に招集される株主総会に出席して，辞任した旨及びその理由を述べることができる」とありますが，この書面決議は，辞任後最初に招集される株主総会には該当しません。

　なお，この書面決議をするには，取締役会での議案の決定が先行するとの著名学者の少数意見もありますが，提案者に株主が含まれることからしても，その必要はないというべきです。ただし，取締役会で議題を決定し，代表取締役が提案者になることまでは否定されません。これにつき，私は，取締役提案，株主提案以外の会社提案と名付けていますが，会社提案は取締役提案を含んでいますから，会社法第319条第1項に反しません。

第1章　株主総会の基礎知識　*25*

　なお，報告の省略，取締役会の省略については，Q&Aに記載しました。

【実務Q&A】

Q1　この書面決議は，条文の見出しが「株主総会の決議の省略」となって
いますが，株主総会の代用と考えてよろしいですか。

A1　そのとおりです。同意者が議決権を行使することができる株主に限
定されており，登記に必要な株主リストを定める商業登記規則第61条第3項で
も，株主総会を開催した場合と同一条文に規定されています。

　また，開催した場合に準じて議事録を作成することになっています。会社法
施行規則第72条第4項第1号によると，記載事項は「イ：株主総会の決議が
あったものとみなされた事項の内容，ロ：イの事項の提案をした者の氏名又は
名称，ハ：株主総会の決議があったものとみなされた日，ニ：議事録の作成に
係る職務を行った取締役の氏名」の4点です。会議ではないため，当然ながら，
議長も出席役員も議事の経過の要領も記載事項ではありません。

┄┄┄

Q2　同意書は会社に提出するのですか。また，決議があったとみなされる
時期は全員の同意の意思表示が会社に到達した時ですか。

A2　提案者が取締役であろうと株主の一人であろうと，会社の機関とし
て行為しているわけですから，同意は提案者に対してします。全同意が揃った
時に可決したものとみなされます。ただし，提案内容に「平成○年○月○日を
もって効力を生じる」とあれば，その前に全同意が揃っても，効力は効力発生
日に生じます。

┄┄┄

Q3　報告事項もある定時株主総会の省略は困難ですか。また，取締役会の
場合は，会議の省略は認められませんか。

A3　会社法第320条に「株主総会への報告の省略」が規定されていますの
で，第319条とともに利用すれば，定時株主総会の省略も可能です。取締役会
については，決議の省略が第370条，報告の省略が第372条に規定されています

が，第370条の決議の省略のためには，定款の定めが必要です。

念のため，定時株主総会の場合の簡単な議事録例は次のとおりです。

会社法第319条及び第320条による定時株主総会議事録

会社法第319条第1項及び第320条により株主総会の決議があったものとみなされたので，会社法施行規則第72条第4項に基づき，以下のとおり議事録を作成する。

1．株主総会への報告があったものとみなされた事項の内容

第○期（平成○年4月1日から平成○年3月31日まで）事業報告の件

2．株主総会の決議があったものとみなされた事項の内容

第1号議案　第○期計算書類承認の件

第○期計算書類の内容は別紙のとおりである。

第2号議案　監査役1名選任の件

監査役○○○氏が本総会終結時に任期満了退任するため，同氏を再選すること。

3．上記2．の提案者

当社代表取締役○○○

4．株主総会への報告及び株主総会の決議があったものとみなされた日

平成○年○月○日

5．議事録の作成に係る職務を行った取締役の氏名

当社代表取締役○○○

以上のとおりである。

　　　　　平成○年○月○日　　○○○株式会社

　　　　　　　　　　議事録作成者　代表取締役　○○○　㊞

第2章

役員変更登記の準備

第8話　株主リストと本人確認証明書

第9話　商登規則61条適用の具体例

第8話　株主リストと本人確認証明書

1．商業登記規則61条の大幅改正

　定時株主総会終了後には，役員の改選につき，登記しなければなりません。総務部・法務部の重要な仕事ですが，平成27年に商業登記規則第61条が大幅に変更され，従来よりも登記に必要な添付書面が増えました。同条第3項から第8項までが重要ですから，以下，種類株式発行会社ではなく指名委員会等設置会社でもない通常の株式会社につき，商業登記規則第61条（添付書面）第3項から第8項までの思い切った意訳による要約内容をご紹介します。なお，第1項から第8項までの全文を本書31頁に資料として掲載しました。

■商業登記規則61条（添付書面）3項から8項までの意訳による要約

　3項：登記すべき事項につき株主総会（会社法319条書面決議を含む）の決議を要する場合には，申請書に，議決権割合で上位10名か，議決権割合が3分の2に達するまでの上位株主数のいずれか少ない方の株主につき，**株主リスト**（株主の住所氏名・株式数・議決権数・議決権割合の証明書）を作成して添付しなければならない。

　（注）株主数の多い上場会社でもない限り，3分の2までの株主リストとなり，代表取締役が<u>登記所への届出印（代表者個人が届けるもので会社が届けるものではないが，以下，便宜「会社実印」という）</u>を押して証明することになっています。

　4項：非取締役会設置会社の取締役の就任（再任を除く）を承諾したことを証する書面には，**印鑑証明書**を添付しなければならない。

　5項：取締役会設置会社の代表取締役の就任（再任を除く）を承諾したことを証する書面には，**印鑑証明書**を添付しなければならない。

　6項：代表取締役の選定を株主総会で行った場合は議長と出席取締役，取締役の互選の場合は互選に参加した取締役，取締役会の場合は出席した取締役及び監査役が個人実印を押し印鑑証明書を添付しなければならない。<u>ただし，当</u>

該印鑑と変更前の代表取締役が会社実印を押印したときは，この限りでない。

 （注）代表取締役を**選定**（意義につき本書143頁）する取締役会議事録に前代表取締役が権限をもって出席し会社実印を押さないと，署名者全員が個人実印を押して印鑑証明書を添付しなければなりません。

 7項：取締役や監査役の就任（再任を除く）を承諾したことを証する書面には，その書面に記載された氏名及び住所と同一の氏名及び住所が記載されている**本人確認証明書**（公務員が職務上作成した証明書をいい，当該取締役等が原本と相違がない旨を記載した謄本を含む）を添付しなければならない。ただし，登記の申請書に前3項（4・5・6項）の規定により印鑑証明書を添付する場合は，この限りでない。

 8項：登記所に印鑑を届け出た代表取締役の代表取締役や取締役の辞任届には印鑑証明書を添付しなければならない。ただし，届出済みの会社実印を押印したときは，この限りでない。

 以上のとおり，登記事項を株主総会で決議した場合には，株主リストの添付が必要となり，新役員（取締役・監査役・執行役）を選任した場合は，原則として，その者の本人確認証明書が必要になりました。また，代表取締役で登記所に印鑑を届け出ている者が代表取締役あるいは取締役を辞任する場合には，会社実印で辞任届を作成しないと印鑑証明書の添付が必要になりました。

２．株主リスト例

 株主リストには，議決権の有無を問わず株主全員の同意を要する場合の株主全員リスト（商登規則61条2項）と，多数決で決定する場合の主要株主リスト（同3項）の2種類がありますが，前者は本書の読者が必要とする場面はないと考え省略します。

 ここで会社法第319条の書面決議は，株主全員の同意を要するから，第2項の株主全員リストが必要ではないかと思われがちですが，この決議は議決権を行使することのできる株主の同意に限られますし，株主総会を開催し審議し多

数決で決議する場合の代用手段ですから，第3項の主要株主リストで足ります。

株主リストに登載する株主は，株主総会に出席したかどうかを問いませんし，株主総会の普通決議か特別決議かなども問いません。ただし，登記事項につき決議した場合ですから，計算書類の承認議案などには不要です。会計監査人が自動再任される場合（238条2項）も会計監査人の選任議案が存在しないため，不要です。

株主リストの書式例は法務省のHPにも紹介されておりますが，次のような簡単なものでかまいません。議案ごとに作る必要もありません。押印は会社実印に限られます。

商業登記規則第61条第3項の証明書

平成○年○月○日

　　　　　○○○株式会社

　　　　　代表取締役　　○○○○　　　　㊞

　平成○年○月○日開催の当社定時株主総会の登記事項を対象とした全議案に対する表題の事項につきましては，次のとおりであります。なお，総株主の議決権は○○○個であります。

株主氏名及び住所	持株数	議決権数	議決権割合
○○○ 東京都千代田区………	○○○株	○○○個	○○.○％
△△△ 東京都新宿区………	△△△株	△△△個	△△.△％

以上

3．本人確認証明書例

本人確認証明書は，本人の住所と氏名が記載された公務員が職務上作成した証明書ですから，住民票の写し，印鑑証明書など多岐に渡ります（パスポート

は本人が住所を記載しているので認められません)。しかし，当該取締役等が原本と相違がない旨を記載した謄本を含むとされていますので，現実には，運転免許証の裏表の写しに本人が原本証明したものか，住民票の写しが使われることが多いといえましょう。印鑑証明書や住民票の写しをコピーし，本人が原本と相違ないと原本証明し，記名押印したものでもかまいません。
(運転免許証の写しの例)

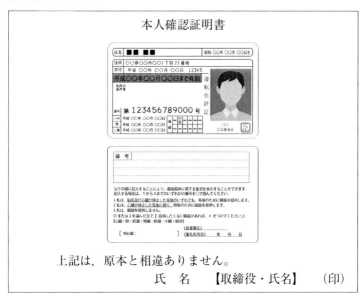

なお，本人確認証明書の住所と就任承諾書の住所は一致していなければなりません。ただし，本人の実在性を証明するためであり，住所を証明するためではありません。

(資料：商業登記規則61条8項まで)

第61条（添付書面）

　1項：定款の定め又は裁判所の許可がなければ登記すべき事項につき無効又は取消しの原因が存することとなる申請については，申請書に，定款又は裁判所の許可書を添付しなければならない。

2項：登記すべき事項につき次の各号に掲げる者全員の同意を要する場合には，申請書に，当該各号に定める事項を証する書面を添付しなければならない。

一　株主

株主全員の氏名又は名称及び住所並びに各株主が有する株式の数（種類株式発行会社にあつては，株式の種類及び種類ごとの数を含む。次項において同じ。）及び議決権の数

二　種類株主

当該種類株主全員の氏名又は名称及び住所並びに当該種類株主のそれぞれが有する当該種類の株式の数及び当該種類の株式に係る議決権の数

3項：登記すべき事項につき株主総会又は種類株主総会の決議を要する場合には，申請書に，総株主（種類株主総会の決議を要する場合にあつては，その種類の株式の総株主）の議決権（当該決議（会社法第319条第1項（同法第325条において準用する場合を含む。）の規定により当該決議があつたものとみなされる場合を含む。）において行使することができるものに限る。以下この項において同じ。）の数に対するその有する議決権の数の割合が高いことにおいて上位となる株主であつて，次に掲げる人数のうちいずれか少ない人数の株主の氏名又は名称及び住所，当該株主のそれぞれが有する株式の数（種類株主総会の決議を要する場合にあつては，その種類の株式の数）及び議決権の数並びに当該株主のそれぞれが有する議決権に係る当該割合を証する書面を添付しなければならない。

一　10名

二　その有する議決権の数の割合を当該割合の多い順に順次加算し，その加算した割合が3分の2に達するまでの人数

4項：設立（合併及び組織変更による設立を除く。）の登記の申請書には，設立時取締役が就任を承諾したことを証する書面の印鑑につき市町村長の作成した証明書を添付しなければならない。取締役の就任（再任を除く。）による変更の登記の申請書に添付すべき取締役が就任を承諾したことを証する書面の印鑑についても，同様とする。

5項：取締役会設置会社における前項の規定の適用については，同項中「設立時

取締役」とあるのは「設立時代表取締役又は設立時代表執行役」と，同項後段中「取締役」とあるのは「代表取締役又は代表執行役」とする。

6項：代表取締役又は代表執行役の就任による変更の登記の申請書には，次の各号に掲げる場合の区分に応じ，それぞれ当該各号に定める印鑑につき市町村長の作成した証明書を添付しなければならない。ただし，当該印鑑と変更前の代表取締役又は代表執行役（取締役を兼ねる者に限る。）が登記所に提出している印鑑とが同一であるときは，この限りでない。

　　一　株主総会又は種類株主総会の決議によつて代表取締役を定めた場合
　　　　議長及び出席した取締役が株主総会又は種類株主総会の議事録に押印した印鑑
　　二　取締役の互選によつて代表取締役を定めた場合
　　　　取締役がその互選を証する書面に押印した印鑑
　　三　取締役会の決議によつて代表取締役又は代表執行役を選定した場合
　　　　出席した取締役及び監査役が取締役会の議事録に押印した印鑑

7項：設立の登記又は取締役，監査役若しくは執行役の就任（再任を除く。）による変更の登記の申請書には，設立時取締役，設立時監査役，設立時執行役，取締役，監査役又は執行役（以下この項において「取締役等」という。）が就任を承諾したことを証する書面に記載した氏名及び住所と同一の氏名及び住所が記載されている市町村長その他の公務員が職務上作成した証明書（当該取締役等が原本と相違がない旨を記載した謄本を含む。）を添付しなければならない。ただし，登記の申請書に第4項（第5項において読み替えて適用される場合を含む。）又は前項の規定により当該取締役等の印鑑につき市町村長の作成した証明書を添付する場合は，この限りでない。

8項：代表取締役若しくは代表執行役又は取締役若しくは執行役（登記所に印鑑を提出した者に限る。以下この項において「代表取締役等」という。）の辞任による変更の登記の申請書には，当該代表取締役等が辞任を証する書面に押印した印鑑につき市町村長の作成した証明書を添付しなければならない。ただし，当該印鑑と当該代表取締役等が登記所に提出している印鑑とが同一であるときは，この限りでない。

第9話 商登規則61条適用の具体例

1．よくある定時株主総会における重任事例

　取締役ABCD（代表取締役A）の取締役会設置会社において，定時株主総会終結時に全員が任期満了退任し，以後は，取締役ABCP（代表取締役A）にしたいが，定時株主総会にはCが欠席したとする。就任承諾書等の要否につき説明してください。

　なお，定時株主総会議事録には「本総会終結と同時に取締役全員（ABCD）が任期満了し退任するので後任としてABCPの選任をはかったところ，満場一致により，その選任を可決した。なお，本総会出席中の被選任者は席上直ちに，その就任を承諾した」との記載があるとします。

（検討結果）

（1）ABCDの取締役の退任を証する書面

　株主総会議事録がこれに該当します。株主総会議事録に「本総会終結と同時に取締役全員（ABCD）が任期満了し退任するので」との記載があり，これで十分であり，任期を示すための定款の添付は不要です。また，取締役Cが株主総会に出席しているかどうかは問いません。

（2）取締役再任者ABCの就任の承諾を証する書面

　取締役と会社との関係は委任関係ですから（330条），選任という委任の申込みに対して，受任という就任の承諾が必要です。その証明として取締役再任者であっても原則として本人による就任承諾書を要しますが，再任なので住所の記載も本人確認証明書も不要です。

　再任者のうち，本総会に出席していたABについては，株主総会議事録に本人自ら「席上直ちに，その就任を承諾した」との記載があるため，この株主総会議事録を就任の承諾を証する書面として援用し，就任承諾書の添付を省略することもできます。株主総会議事録にABの押印があるかどうかは問いません。議長が「ABから就任承諾すると聞かされている」などといった伝聞形式では，

証拠力が劣り，この取扱いは不可能です。

　なお，「席上」とは，その総会に出席中に本人が就任を承諾したことを明らかにするために，登記実務では，よく使う用語です。また，本件のように，任期満了退任すると同時に再任する場合（退任＋同時就任）を一言で「**重任**」という用語を用いて登記する慣例です。「年月日退任」と「同日就任」と２つの登記をするよりも「年月日重任」と１つの登記で済ませる登記上の省エネの技術だといえます。

（３）取締役新任者Ｐの就任の承諾を証する書面

　問題は新任のＰですが，株主総会議事録にＰの住所が記載されており，議事録に席上就任承諾の記載があれば，それをもって就任承諾があったものと扱うことができますが，本件のように住所の記載がなければ，この取扱いは不可能であり，住所を記載した就任承諾書が必要です。いずれの場合もＰについては，本人確認証明書が必要です。

（４）代表取締役選定取締役会議事録の選定者の押印

　取締役会でＡを代表取締役に再任する際の取締役会議事録のＡの押印は必ず会社実印にしてください。そうしないと，出席者全員の印鑑証明書を準備しなければなりません。商業登記規則第61条第６項の問題です（本書28頁）。

　このように，前代表取締役が代表取締役選定議案の取締役会議事録に会社実印をもって押印するかどうかは，出席取締役等に印鑑証明書準備の負担があるかどうかという大きな差が生じます。代表取締役選定議案がない場合は，代表取締役も個人印の押印で十分です。

（５）代表取締役の就任の承諾を証する書面

　代表取締役に選定されたＡの取締役についての就任承諾書は再任であるため住所の記載も不要であり，認印で足ります。また，取締役会にＡが出席し，取締役会議事録に「就任承諾した」旨の記載があれば，この議事録の記載をもって，代表取締役の就任の承諾を証する書面として援用することができます。

　なお，Ａの代表取締役の地位は定時株主総会終結と同時に取締役として退任した段階で喪失しており，定時株主総会終結後に行われる取締役会で代表取締

役として再選され，その就任を承諾するまでに時間差が生じますが，この場合も，やむを得ない時間差であるため，代表取締役の「重任」として扱われています。就任時刻までは登記記録に記録されないため，同日であれば同時と扱ったものと思われます。

以上のとおり，代表取締役が重任する限り，取締役会議事録の代表取締役の押印が会社実印でなされているかどうか，新任役員につき住所記載の就任の承諾を証する書面になっているか，本人確認証明書の準備に怠りがないかをチェックする程度で足ります。

２．代表取締役交代事例その１

取締役ABCD（代表取締役A）の取締役会設置会社において，定時株主総会終結時に全員が任期満了退任し，以後は，取締役ABCP（代表取締役B）にしたい。

こういうケースは，Aを取締役会長又は取締役相談役，Bを新・代表取締役社長にする場合に多いといえますが，この場合の取締役会議事録の押印と代表取締役の就任の承諾を証する書面における印鑑につき，ご検討ください。

（検討結果）

前代表取締役Aは取締役として取締役会議事録に適法に出席することができます。また，「ただし，当該印鑑と変更前の代表取締役が会社実印を押印したときは，この限りでない」とする商業登記規則第61条第6項ただし書には，Aが代表取締役として会社実印を押印せよとはありません。Aが監査役に選任され監査役として取締役会に出席し会社実印を押した場合でも適用されます。

新代表取締役Bの押印が個人実印で，議事録に就任承諾した旨の記載があれば（商登規則61条5項），就任承諾書を別途提出する必要はありません。

このBの就任承諾につきBの住所記載が必要かという小論点がありますが，代表取締役は取締役の中から定められる地位であり，再任に準じた地位ですし，本人確認証明書について規定する商業登記規則第61条第7項の対象にもなっていないため，住所の記載は不要だと考えますが（印鑑証明書記載の住所で登記

することになります）、必要説の登記所もあります。印鑑証明書に記載された
マンション名や部屋番号は、登記せずとも受け付けられます。

3. 代表取締役交代事例その2

　取締役ABCD（代表取締役A）の取締役会設置会社において、定時株主総会
終結時に全員が任期満了退任し、以後は、取締役BCDP（代表取締役P）にし
たい。定時株主総会で選任された新取締役Pを新代表取締役に迎えるケースで
すが、上場会社の子会社でこのようなことが多いといえます。

　定時株主総会の機会だけでなく、例えば、Aにつき期末の3月31日に取締役
を辞任させ、後任取締役として3月下旬の臨時株主総会でPを4月1日付で選
任し、後任の代表取締役には期首の4月1日からBやPにする場合も上場会社
の子会社ではよくあることです。

　これらの場合の取締役会議事録の押印と代表取締役の就任の承諾を証する書
面における印鑑につき、ご検討ください。

（検討結果）

　前代表取締役Aは取締役でなくなったためPを代表取締役に選定する取締役
会議事録に出席することができませんから、取締役会に出席した取締役及び監
査役の全員が個人実印を押し、印鑑証明書を準備しなければなりません。

　この場合、新任取締役の取締役としてのPの就任承諾につき、住所の記載も
本人確認証明書も不要です。商業登記規則第61条第7項ただし書に規定されて
いるとおりですが、このただし書は本人確認証明書を不要としただけで住所の
記載までは及ばないという反対意見の登記所もありますから、登記を早期に終
わらせるためには、住所を記載したほうが無難でしょう。

（商業登記規則61条7項の解釈問題）

　商業登記規則第61条第7項は、思い切って意訳・要約すると「取締役や監査
役の就任（再任を除く）を承諾したことを証する書面には、その書面に記載さ
れた氏名及び住所と同一の氏名及び住所が記載されている**本人確認証明書**（公
務員が職務上作成した証明書をいい、当該取締役等が原本と相違がない旨を記

載した謄本を含む）を添付しなければならない。ただし，登記の申請書に前3項（4・5・6項）の規定により印鑑証明書を添付する場合は，この限りでない」という内容でした。

　仮に，第7項本文が「取締役や監査役の就任（再任を除く）を承諾したことを証する書面には，①就任した者の氏名及び住所を記載することを要し，かつ，②その氏名及び住所と同一の氏名及び住所が記載されている**本人確認証明書**を添付しなければならない」と①と②の2つのことを規定していたのなら，第7項ただし書は，印鑑証明書を添付する際には本人確認証明書は不要だが，就任承諾書には住所の記載が必要だという解釈もあり得るでしょう。

　しかし，本文が上記①と②の2つのことを規定したのではないという制定経過があり，法務省による解説文でも，「ただし，この限りではない」につき，第7項本文の文頭に「前3項（4・5・6項）の規定により印鑑証明書を添付する場合を除き」と置いて説明しています。ただし書によって，第7項本文全部の適用を否定しているわけです。

　また，印鑑証明書も公務員が職務上作成した本人確認証明書の1つですから，「ただし，本人確認証明書の1つでもある印鑑証明書を添付したときは，本人確認証明書を添付する必要がない」と読むのは，野菜であるキャベツを食えば，野菜を食わなくてよいというのと同じで，日本語として成り立たないとの痛烈な批判もなされています。

　念のため，「就任（再任を除く）を承諾したことを証する書面には，その書面に記載された氏名及び住所」という文章から，本人確認証明書の添付の如何にかかわらず，住所の記載は必須だと読んでしまった方もいらっしゃると思いますが，印鑑証明書を添付させて印鑑照合するから個人実印を押さなければならないのと同様に，住所の記載された本人確認証明書を添付し，住所の一致（照合）で本人の実在性を証明する必要があるから，就任承諾書に住所の記載が求められているのです。住所ではなく生年月日で本人確認を行うつもりでしたら，「その書面に記載された氏名及び生年月日と同一の氏名及び生年月日が記載されている本人確認証明書」という表現になったことでしょう。

４．100％子会社の代表取締役交代につきご提案

　上場会社の100％子会社では，取締役と監査役が多数おり，総務担当者は印鑑証明書の準備に苦労しがちです。取締役誰某の個人実印が破損しており，印鑑照合に耐えられないとか，別の誰某は海外出張中ですぐに印鑑証明書を準備することができないなどということもよくあります。

　この対策として，取締役会への出席者を最低限の員数にするとか，前代表取締役を取締役として再任させ，取締役会に出席させ会社実印を押させ，取締役会終結後に辞任させるという小手先のテクニックがありますが，上場会社の子会社がするようなことではありません。

　そこで，合法的に代表取締役選定議事録の押印で印鑑証明書の準備を減らすテクニックをここでご紹介しますが，要は，取締役会で代表取締役を選定しない方法を採用すればよいわけです。

　会社法第295条第２項に「取締役会設置会社においては，株主総会は，この法律に規定する事項及び<u>定款で定めた事項</u>に限り，決議をすることができる」とあります。つまり，定款で，「当会社の代表取締役は取締役会決議で定める。<u>ただし，株主総会で選定することを妨げない</u>」とでも定めて置き，株主総会で新代表取締役を選定するようにすればよいのです。

　これを定款に定め，株主総会議事録の作成者に株主総会の議長を務めた前代表取締役Ａがなり，会社実印を押せば，個人の印鑑証明書の準備は新代表取締役Ｐだけで済みます（そうでない場合は，商業登記規則第61条第５項本文のとおり，議長及び出席取締役全員の個人実印の押印と印鑑証明書が必要だと解されています）。Ａは，この総会の終結とともに取締役を退任しており，議事録作成段階では取締役ではありませんが，旧商法に総会の議長と出席取締役の署名押印を求めていた関係で，議事録作成者になることも肯定されています。

　さらに，会社法第319条の書面決議で代表取締役を選定した場合には，書面決議には議長も出席取締役の概念もありませんから，議事録作成者を「議長」あるいは「出席した取締役」として扱い，その者が個人の実印を押し，個人の印鑑証明書を添付するか，その者が変更前の代表取締役の場合には届出印を押

し，個人の印鑑証明書の添付を省略するかのいずれかの方法が認められています（松井信憲著『商業登記ハンドブック〔第3版〕』399頁）。

　この書面決議であれば，出席取締役が存在しないため，それら全員の個人実印の押印という問題も発生しないため，たった1人の取締役の個人実印の押印で済ませることも可能です。その1人を新規に選任されたばかりの取締役Pにすることも可能であり，この場合は，次のような議事録になります。なお，ついでながら，この議事録をもって就任承諾を兼ねる内容にしてみました。

（新代表取締役を議事録作成者にした書面決議）

会社法第319条及び第320条による定時株主総会議事録

　会社法第319条第1項及び第320条により株主総会の決議があったものとみなされたので，会社法施行規則第72条第4項に基づき，以下のとおり議事録を作成する。

1．株主総会への報告があったものとみなされた事項の内容　（略）

2．株主総会の決議があったものとみなされた事項の内容

　第1号議案　第○期計算書類承認の件　（略）

　第2号議案　取締役4名選任の件

　　　取締役全員（ABCD）が当社定款の定めに基づき，本総会終結と同時に任期満了退任するため，後任として，BCDPを選任する。

　第3号議案　代表取締役選定の件

　　　前号議案の可決を条件に，当社定款第○条により，代表取締役として，Pを選定する。

　　　　　　　　　　　　　　　　　…… （中略） ……

以上のとおりである。

なお，Pは本書をもって，取締役及び代表取締役への就任を承諾します。

　　　　平成○年○月○日　　○○○株式会社

　　　　　　　　　　　議事録作成者　代表取締役　P　　個人実印

　この方法であれば，Aが期末の3月31日に取締役を辞任し，期首の4月1日

からの代表取締役を別人にする場合でも，3月下旬に臨時株主総会を開催して新代表取締役を予選することができますし，4月1日が日曜日や祝祭日で休日であっても，その日に取締役を集合させる必要もありません。

　登記申請にあたり，定款の添付は必要になりますが（この総会で定款変更した場合は添付不要），多数の印鑑証明書を集めるよりは，機動的に対応することができますので，ぜひ，定款に，当会社の代表取締役は取締役会だけでなく株主総会でも選定することができる旨を定めておくことをお勧めします。

【実務Q＆A】

Q1　定款に，「当会社の代表取締役は取締役会決議で定める。ただし，株主総会で選定することを妨げない」と定めた場合は，取締役会でも株主総会でも定められると思いますが，株主総会で「当会社の代表取締役は，株主総会で定める」とした場合は，取締役会で定められないのですか。

A1　定められます。取締役会設置会社においては，会社法という法律で取締役会において代表取締役を定めることになっていますから（362条2項3号），定款をもってしても，この権限を奪うことができません。取締役会でも，株主総会でも定めることができるという解釈になります。

....

Q2　株主総会で選定した代表取締役を取締役会では解職できないという解釈になりませんか。

A2　なりません。株主総会で「取締役会設置会社の代表取締役」を取締役会に変わって選定しただけの話です。

....

Q3　「取締役会設置会社においては，株主総会は，この法律に規定する事項及び定款で定めた事項に限り，決議をすることができる」という会社法第295条第2項に従えば，代表取締役の選定に限らず，支店の設置であろうと，本店移転場所の決定であろうと，定款に定めることによって，取締役会決議事項の全部を株主総会で定めることができるのではありませんか。そうだとした

ら，取締役会の存在意義がなくなりませんか。

A3 定款で定めれば，取締役会決議事項の全部につき，株主総会で決議することができます。私自身，定款変更で本店所在地を変更する株主総会で，本店移転場所（何丁目何番地まで）まで決定してしまうよう，お客様に提案したことがしばしばありました。もちろん，代表取締役の選定の場合と同じく，取締役会でも決議することができます。

　非取締役会設置会社では，株主総会の権限は万能であり「株主総会は，この法律に規定する事項及び株式会社の組織，運営，管理その他株式会社に関する一切の事項について決議をすることができる」とされていますが（295条1項），実際には取締役の過半数の一致で決める事項も多く（348条2項），どちらの決定でもかまいません。これと同様に，決定機関に株主総会を加えても，取締役会の存在意義まで否定することにはなりません。

　なぜ，このようなことが認められているかといいますと，株式会社とはいえ，規模も株主数などもさまざまだから，各社とも定款で自社に相応しい統治形態を定めてよいというのが会社法の基本姿勢だからです。取締役会設置会社では取締役が3人以上必要であり，100％子会社であれば株主が1人です。3人以上で決定するよりは，1人で決定する方が早く，開催日も土日を問わないで済むため，100％子会社など株主1人の株式会社にあっては，株主総会の権限を拡張しておくと便利だといえます。

....

Q4 当社は上場会社の孫会社ですが，親会社の指示で，きたる3月31日付で代表取締役Aが取締役を辞任し，後任として取締役Bが4月1日で就任することになっています。ところが，4月1日は休日であり，取締役の過半数に，このためだけに出社せよとはいえません。そこで，3月下旬の定例取締役会で4月1日からの代表取締役を予選しようと思いましたら，司法書士から，それでは登記が通らないといわれました。何か，対策はありませんか。

A4 この**代表取締役の予選**につき，3月下旬に取締役Bを代表取締役に選定したが，その効力発生を4月1日まで伸ばしただけだから何の問題もない

というのが私の意見ですが，4月1日からの代表取締役は4月1日時点の取締役会のメンバーが決めることだから，前もって決める際も，そのメンバー構成に限られ，4月1日に取締役でなくなるAが取締役でいる3月中の代表取締役の予選は認められないとするのが登記実務の大勢です。

　そこで，私は，やむを得ず，次の議事録案を提案いたしました（Bをも議事録作成者にしたのは就任承諾の援用のためです）。心配だった稟議も，孫会社であったことと定款変更が臨時の一時的措置であったため円滑に推移しました。
（株主総会決議による代表取締役の予選）

第1号議案　定款一部変更の件

　議長は，当社代表取締役Aが本年3月31日付で取締役を辞任するが，後任代表取締役を本年4月1日の休日に取締役会を開催して選定するのは困難であるため，臨時的措置として，次のとおり定款の変更（附則の設定）をはかったところ，満場一致で承認可決した。

　定款附則

　1．会社法第295条第2項に従い，平成○年4月1日付の当会社の代表取締役の選定に関する事項は株主総会で定めることができるものとする。

　2．本附則は，以上の登記が完了した時，将来に向けて削除される。

第2号議案　代表取締役選定の件

　議長は，前号議案の可決を受けて，平成○年4月1日付で取締役Bを代表取締役に選定する件につきはかったところ，満場一致で選定可決した。なお，出席中のBは席上直ちにその就任を承諾した。

………………………………（中略）………………………………

　以上であり，議事録作成者としてA及びBが次に記名押印する。

　　　平成○年○月○日　　○○○株式会社

　　　　　　　　　　　議事録作成者　代表取締役　A　会社実印

　　　　　　　　　　　　　同　　　　取締役　　　B　個人実印

第3章

会社・株式会社とは何か

第10話　会社とは何か

第11話　会社の種類

第12話　株式会社の統治機構

第13話　株式会社の定款

第14話　株式会社の登記記録

第15話　株式会社の設立

第16話　合同会社の設立

第10話　会社とは何か

1．経済的見地から

会社とは，営利事業を営む法人組織です。中核は事業体です。

次の図は，私が作ったものですが，このように，会社は「法人組織，事業組織，法人所有者」と3つの構成要素に分類することができると考えています。

【会社の3構成要素】

法人組織（器）	
定款，会社形態，役員，法人免許，法人に帰属する権利義務	
事業（内容・実体）	
事業上の権利義務，営業免許，貸借対照表	
A事業	B事業
所有者（株主，社員）	
流通株式	自己株式

会社を設立するには，まず，その基本組織を定める憲法である「定款」を作成しますが，実際に作成する定款の第1条には会社の名称（商号）を定めるのが通常です。しかし，定款の必要的記載事項を定める会社法第27条によると，「（事業）目的」が最初で，商号は2番目に位置しています。これは，どういう業種にするかを決めて，その後に商号を決めるのが通常だからでしょう。

営む事業を決めて商号等を定め，定款を作成し，出資し，役員を決めれば，これで一応の形ができ，あとは登記して会社になります。既に個人で事業を営んでおり，それを会社組織にすることもありますが（「**法人成り**」といいます），いずれにせよ，会社の実態は「事業組織」であり，それを法人化したのが会社です。株主等は会社の共同所有者であって，法人組織及び事業組織とは別の会社の外部に存在する人達です。

２．法律的見地から

　法律的見地からは，会社は「営利社団法人」です。会社が社団法人だというと，驚かれることが多いのですが，それは一般に，社団法人という名称が営利を目的としない非営利組織の名称に使われているからに過ぎません。

　営利を目的とするとは，社団の持ち主に剰余金（儲けなど）を配当することをいい，社団としては金儲けに忙しくても社団の構成員に儲けを配分することができない組織は営利目的とはいいません。金儲けに忙しい宗教法人や医療（社団）法人は，営利社団とはいえません。会社法第105条には「株主は剰余金の配当や残余財産の分配を受ける権利を有し，これに反する定めは無効」という趣旨が規定されていますので，株式会社は典型的な営利組織です。

　社団とは一定の共通目的を持った人の集まりで，かつ規約などを設けた組織的団体のことです。こういうと，100％子会社など株主が１人の会社が多数存在するが，たった１人で団体というのかと反論されそうですが，いつでも複数になれるので，社団として扱われています（一種の擬制ですが）。

　社団が不動産を所有し登記しようとすると，法律上は社団の構成員全員の共有登記になりますが，法人であれば，法人の名義で登記することができます。このように，法人とは，その名で権利を得，義務を負担することができる法律上の「人」のことです。

　なお，社団の構成員（持ち主）のことを「社員」といいますが，従業員（サラリーマン）である「会社員」と混乱しないようにしてください。株式会社の社員とは，株主のことです。また，営利社団の社員になるためには，出資（義務）が課される点も特徴の１つです。

【実務Q＆A】

Q1　営利社団法人でない社団法人は何というのですか。

A1　まとめていえば非営利社団法人というのでしょうが，これには積極的に公益を目的とした公益法人（学校法人や宗教法人）と，積極的に公益も営利も目的としない中間的な法人があります。最近流行りの一般社団法人もこれ

に該当します。一般社団法人に関する法律には，「社員に剰余金又は残余財産の分配を受ける権利を与える旨の定款の定めは，その効力を有しない」（一般社団法人及び一般財団法人に関する法律11条2項）とあり，営利目的を禁じています。

Q2 社団と民法上の「組合」はよく比較されますが，どこが違いますか。

A2 構成員の個性の濃淡です。社団というのは，会社のように，組織を規律する根本規則があって，団体の代表がいて，ピラミッド組織の縦型社会になっているものをいい，組合は，単なる契約による横のつながりに過ぎません。イメージで言うと，社団は1つの組織だが，組合は個々の寄り合い所帯であり共同事務所型です。課税でいうと，組合に対する課税は個々の構成員に直接課税されるのに，社団になると社団自体に課税されます。持株会が実質は社団であっても，規約で「組合」にしているのは，この課税対策です。また，実をいうと，株式会社でない会社（合名会社など）の実質は組合組織ですが，法律で社団扱いしている組織だといっても差支えないでしょう。

Q3 会社として登記する前の段階でも「社団」ということですか。

A3 法人になるには登記が必要ですが（49条，579条），登記前も社団です。ただし，営利を目的としていても，会社設立に向けた社団ですから，まだ事業を営むことはできません。なお，権利義務の主体になれることを「権利能力」といいますが，登記前の会社は「権利能力なき社団」です。

Q4 法律で「人」に該当するのは，個人と法人というわけですか。

A4 そのとおりですが，個人のことを法律用語で「自然人」といいます。生まれながらの権利能力者であり，法律によって権利能力を与えられた法人とは相違します。ついでながら，民法の話ですが，一人の独立した人間として行為でき，法定代理人などを必要としない能力は「行為能力」といいます。赤ちゃんや未成年者は権利能力者であっても行為能力者とはいいません。

第3章 会社・株式会社とは何か　**49**

<table>
<tr><td>**第11話**</td><td>会社の種類</td></tr>
</table>

1. 会社の種類

　会社には，株式会社，合名会社，合資会社，合同会社の4種類があります（2条1号）。「合」のつく会社は総称して「**持分会社**」といいます（575条1項かっこ書）。

　有限会社は，会社法の下では，株式会社の一種とされています。ですから，株式を発行することができますし，その総会も社員総会ではなく株主総会ということになりました。新規に有限会社を設立することはできません。既存の有限会社だけが特例扱いされて存続が認められています。

　ちなみに，外国会社（2条2号）というのは外国に存在する日本支店を日本で登記したものと思ってください。日本の法律に準拠していないので，日本法でいう「会社」には該当いたしません。

2. 構成員（社員）の会社債権者に対する責任

　会社が借金したときは，会社の構成員の社員まで責任を負うでしょうか。

　合名会社の社員は，会社債権者に対して直接・無限責任を負います。これを「合名会社は無限責任社員のみで構成される」といいます。「直接」とは，社員は会社経由で会社の借金を支払う義務があるのではなく，ストレートに会社債権者に義務を負うという意味です（580条）。一種の連帯債務を負うわけです。

　合資会社は，直接・無限責任社員と直接・有限責任社員で成り立つ2元構成です。有限責任とは，その社員の出資予定額を責任の上限としたものです。

　合同会社と株式会社は，間接・有限責任社員のみで構成されます。債権者に直接義務を負いません。社員となるときに出資義務を履行しなければなりませんが，出資義務を履行すれば，その後は何の責任も負いません。100万円出資したら，100万円がゼロの価値になっても我慢する責任はありますが，出資後に会社債権者から社員としての個人責任を追及されることはありません。

合資会社の有限責任社員との相違は，合資会社では「直接」責任ですから，社員になった後に出資してもかまいません。責任額が100万円なら，100万円まで債権者から取立てを受けることがあるというだけです（580条2項）。

もっとも，合同会社・株式会社の社員には出資後には責任がないといえども，会社の代表者を兼任していると，会社債権者から連帯保証を求められるため，小規模の株式会社の現実は，合名・合資会社と大差がないといってよいでしょう。こういう現実を知っていない限り，中小企業に対して法務コンサルティングはできません。

3．持分単一主義と複数主義

4種類の会社のうち，株式会社だけが株式を発行することができます。1株1万円で発行した場合に，10株を取得した人と100株を取得した人との差は，議決権や配当を受ける権利につき10倍の差があります。すなわち，持分10個と100個の差です。株主総会も資本多数決の世界で，出資額（持株数）によって差が生じます。10株の出資者と100株の出資者では，リスクも10倍の差がありますから，発言権や配当に10倍の差が生じるのは当然のことです。

これに対して，同じ間接有限責任社員で構成されながら，株式制度を採用できない合同会社は，持分単一主義です。出資額に関係なく，頭数の平等が支配する会社です（定款で別の基準を設けることもできます）。

4．持分会社の実体は組合

持分会社では社員の全員が定款上に記載されます（576条）。株主名簿に準じた社員名簿のようなものは存在しません。

持分会社では，よそ者が加入すると団結力が弱まるため，持分の譲渡ではなく，原則として出資の払戻しという形で会社から離れるのが原則です。

持分会社には社員総会という会議体がありません。定款の変更も原則として社員全員の個々の同意が必要です（637条）。1人でも反対であれば，団結力が弱まるためです。

こういう持分会社の統治形態をみると，名目は営利社団法人でも内部組織は民法上の組合型であることがお分かりいただけると思います。これでは広く普及するわけがありません。外部との付き合いが不要な資産管理会社や，外資系の100％子会社などに合同会社が使われている程度です。

以上ですが，持分会社については，株式会社を理解するために必要な範囲で勉強しておけば十分です。

【実務Q＆A】

Q1 間接有限責任社員で構成されるなら株式会社だけで十分であり，なぜ合同会社が存在するのですか。

A1 合同会社は会社法によって新たに設けられた会社形態です。当初は，課税形態も民法上の組合と同様に構成員に直接課税される特殊な会社として提案されていましたが，それがとん挫してしまい，現在の形に落ち着きました。いまでは，決算公告が不要であること，設立費用が安く済むこと，制約が少ないことなどをメリットと思う人が設立することが多いといえます。

Q2 有限会社のことは，どこに規定されているのですか。特別な法律でもあるのですか。

A2 会社法の経過措置を定める，いわゆる整備法（正式には「会社法の施行に伴う関係法律の整備等に関する法律」）に規定されています。新規に有限会社を設立することができないため，会社法に規定する意味もありません。

Q3 持分会社は頭数の平等であり，株式会社は株式数の平等だとすると，株「主」平等原則という用語は誤解を招くような気がしますが，いかがでしょうか。

A3 株主平等原則というのは，正確には，株「式」平等原則というべきですが，株式数を通じて株主の平等をはかっているわけですから，誤解を招くほどではないと考えます。

| | 第12話 | 株式会社の統治機構 |

1．株式会社の機関構成

　会社法以前は，取締役会を設けられない有限会社は有限会社法，取締役会を必須とする株式会社は商法（会社編），資本金5億円以上の大会社や1億円以下の小会社に関する特例は商法特例法に規定されていました。大会社に必要な会計監査人や監査役会のこと，また現在の指名委員会等設置会社のことは商法特例法に規定されていました（次図参照）。

　(注)　平成27年5月からは監査等委員会設置会社が追加されましたが，これについては，3以下に譲ります。

（有限会社法）　　　　　（旧商法）　　　　　　　　（旧商法特例法）

			(3委員会・執行役)		会計監査人
	代表取締役	監査役	(代表取締役)	(監査役)	(会)
	取締役会		取締役会		
取締役	取締役		取締役		
社員総会	株主総会		株主総会		

　会社法は，これらの法律を統合いたしました。その統合にあたり，全部の間接有限責任社員で構成される会社に共通して必要な「総会」と「取締役」を株式会社の「必須」機関とし，取締役会，監査役，監査役会，会計監査人などを定款で定める「任意」設置機関と定めました。取締役会設置会社，監査役設置会社などという用語が会社法にありながら，株主総会設置会社と取締役設置会社という用語が登場しないのはこのためです。

　こうしてみると，会社法は商法の延長というよりも，有限会社法の延長というべきだという私の主張です（株券不発行が原則になったのも，同じ理由でしょう）。有限会社法の延長でない部分は，取締役に任期があること，全ての株式会社に決算公告が必要なことでしょうか。

▲会社法第326条（株主総会以外の機関の設置）

　1項：株式会社には，1人又は2人以上の取締役を置かなければならない。

　2項：株式会社は，定款の定めによって，取締役会，会計参与，監査役，監査役会，会計監査人，監査等委員会又は指名委員会等を置くことができる。

　上記の「会計参与」は取締役と共同して計算書類の作成を担当する役員であり，会社法施行ではじめて認められました。税理士や公認会計士に限られますが，法人を含みます），実例は少ないので本書では説明を省略します。

2．所有と経営の分離，社外役員

　小さな株式会社では，会社の所有者である株主と経営に関与する取締役は同一人物ということが多いのですが，上場会社のように株主が多数になると，会社の所有者でも経営の素人である株主は，経営につきプロに委任しなければなりません。これを「**所有と経営の分離**」といいますが，株主は経営につき監視していなければなりませんから，取締役の業務執行に対するお目付け役の取締役（社外取締役）を置いたり，監査役を置くことになります。監査役に社外監査役を置くこともあります。

　なお，この社外取締役や社外監査役の「社外」とは，その会社の役員や従業員として業務執行に従事したことのないこと，役員等の関係者でないことを指すものと思ってください。直参旗本ではなく外様出身役員のことです。

3．監査役型と委員会型

　日本における伝統的株式会社の統治機構は，監査役型（ヨーロッパ大陸型）であり，取締役は，社長・専務・常務など業務執行に従事する役員が就任し，それへの経営監視は取締役会と監査役の役割というものでしたが，アメリカ型の株式会社の統治機構は，委員会型であり，業務執行に従事する執行役とその業務執行を監視する社外取締役中心の取締役に分離し，あるいは，取締役そのものを業務執行取締役と業務執行の監視役（主に社外取締役）とに分けるもの

です。監査役制度は存在しません。

　取締役のほかに執行役を設ける委員会型の会社は，例えていえば，プロ野球の世界であり，フロントが取締役会で，現場の監督やコーチが執行役です。取締役と執行役を兼任することはできますが，成績の悪い執行役は，すぐに解任されます。業務執行を対外的に代表する者は代表執行役であり，代表取締役というものは存在しません。

　これが会社法でいう**指名委員会等設置会社**というものですが，制度はあっても，日本では流行らず，現在でも全国で100社未満しか存在しません（そのため，本書では詳細な説明を省略します）。そこで，日本風の簡素な委員会設置会社として平成27年5月から認められたのが**監査等委員会設置会社**というものです。これには法定の執行役という制度はなく，取締役自身を業務執行取締役と業務執行の監視役である非業務執行取締役（主に社外取締役）とに分けるものです。これは，従来の監査役を非業務執行取締役に変えたのに近いため，産業界に受け入れられ，多数の上場会社が監査等委員会設置会社に移行しました。

（旧来日本型）　　　　　（指名委員会等設置会社）　　　（監査等委員会設置会社）

業務執行取締役		執行役			業務執行取締役	
↑		↑			↑	
取締役会	監査役（会）	指名委員会	監査委員会	報酬委員会	取締役会（社外取締役含む）	
		取締役会（社外取締役中心）			右以外の取締役	監査等委員会
↑	↑	↑			↑	↑
株主総会		株主総会			株主総会	

　監査等委員会設置会社につき，もう少し詳しく説明しますと，上図のとおり，旧来日本型の株式会社の監査役を廃止し，監査等委員会に衣替えした組織に近いといえます。

　とくに注意していただきたいのは，株主総会における役員選任方法です。指名委員会等設置会社では，1種類の役員のみを選任しますが，監査等委員会設

置会社では，監査役制度採用会社と同様に，２種類の役員を選任します。

　この結果，監査等委員会の役割や機能は，指名委員会等設置会社の監査委員会に似ているのですが，取締役会の内部機関ではなく，監査役会に準じた独立機関になります。指名委員会等設置会社の監査委員は監査委員を辞めて無役の取締役になれますが，監査等委員会設置会社の監査等委員はそれができません。「監査等委員である取締役」は監査役と同じく独自の役員であり，任期も解任も報酬も登記も監査等委員でない取締役とは別に扱われます（329条２項，332条，309条２項７号，361条２項，911条３項等参照）。

　監査等委員である取締役は，業務執行取締役と兼任もできず（331条３項），登記記録上も取締役とは別枠に記録され，新規に業務執行取締役が選任されたら，取締役の最後，監査等委員である取締役の前に追加して記録されます。

　なお，監査等委員は監査等委員「会」を構成しますから，３人以上が必要で（取締役会，監査役会など「会」がつくものは，みな同じです），その過半数は社外取締役であることが必要です（331条６項）。監査等委員ではない取締役の中から選ばれる代表取締役等の業務執行取締役は１人以上で足りますから，監査等委員会設置会社の法定取締役数合計の最低員数は４人になります。ただし，この員数の比率では社外取締役の力が大きすぎるため，実際には監査等委員ではない取締役数が監査等委員である取締役数を下回ることはないでしょう。

４．大会社と上場会社，公開会社

　会社法では，中会社（主に資本金１億円超～５億円未満）と小会社（主に資本金１億円以下）の区別はなくなり，大会社とそうでない会社の区別だけが残りました。大会社とは，資本金が５億円以上（又は負債が200億円以上）の株式会社です（２条６号）。大会社には，委員会系統の株式会社を除くと，原則として，監査役３名以上で半数以上が社外監査役である監査役会と，会計監査人の設置が必要です（328条）。

　なお，**公開会社**とは**非公開会社**（全部の株式の譲渡につき会社の承認を得る必要がある会社。会社法の条文では，**「公開会社でない株式会社」**といいます。

109条2項など）以外の会社であって，全部又は一部の株式が自由に譲渡することができるかが基準であり，会社の規模を問わず，株式が証券市場に上場されている上場会社（念のため，上場されているのは株式であって会社ではありません）とは限りません。

　上場会社は大会社であるのが通常ですが，そうでない例もあります。そのため，大会社でなければ，会社法上は監査役会も会計監査人も置く必要はありませんが，監査役型の上場会社では，証券取引所の規則で，監査役会と，会計監査人の設置が必要だとされています。例えば，資本金5億円未満の某上場会社の定款第5条は，次のようになっています。

（一般の上場会社の機関構成）

（機関の設置）
第5条　当会社は，株主総会及び取締役のほか，次の機関を置く。
　　　　（1）取締役会
　　　　（2）監査役
　　　　（3）監査役会
　　　　（4）会計監査人

【実務Q＆A】

Q1　会社法の文献や論文では，取締役会を置かない株式会社につき，取締役会非設置会社とあるものと，非取締役会設置会社とするものがあります。どちらが正しいのですか。

A1　決まりはありませんので，どちらでもかまいません。本書では「取締役会設置会社」で一語であることを重視し，非取締役会設置会社としています。なお，有限会社はもう設立することができませんが（将来的にはなくそうとしていることが分かります），この取締役会を置かない非取締役会設置会社が有限会社とほぼ同様の機関構成だといえます。ただし，取締役に任期があること，決算公告が必須とされている点が有限会社と相違します。

Q2 会社法は有限会社法と商法会社編，商法特例法を統合したものだといいながら，なぜ，新しい機関構成の会計参与が設けられたのですか。

A2 会社法立案担当者は実に気前よく，要望があれば何でも受け入れました。税理士会等から税理士も経営に関与できるようにせよという要請があったため会計参与を作り，中小企業団体から監査の範囲を会計に限定した監査役を認めよといわれたため，これも認め，資本金額0円の株式会社の設立も認め（現在は，純粋の設立では困難になりました），株式会社の設立方法でも予定になかった募集設立を認めるなどです。決算公告も小規模の株式会社につき省略することもできたのですが，これは残念ながら，中小企業団体さえ要望しなかったため，全ての株式会社に必要だとされたままになっています。

Q3 公開会社につき，会社法第2条第5号は「その発行する全部又は一部の株式の内容として譲渡による当該株式の取得について株式会社の承認を要する旨の定款の定めを設けていない株式会社をいう」と定義していますが，分かりやすく説明してください。

A3 次のように書き直せば分かりやすいでしょう。

公開会社とは，次のいずれかに該当する株式会社をいう。

一．その発行する全部の株式の内容として譲渡による当該株式の取得について株式会社の承認を要する旨の定款の定めを設けていない株式会社

二．その発行する一部の株式の内容として譲渡による当該株式の取得について株式会社の承認を要する旨の定款の定めを設けていない株式会社

すなわち，発行する全株式が譲渡制限付きではなく譲渡自由の会社と一部の種類の株式が譲渡自由の会社です。譲渡自由の株式を公開株式というとしたら，「全株が公開株式である会社」と「一部が公開株式である会社」が公開会社です。逆にいえば，非公開会社は発行する全株式が譲渡制限付の会社ということになります。

公開会社だと取締役会等の設置が義務付けられ，取締役の任期も法定以上に伸長することもできないため，未上場会社で公開会社の数は急減しています。

第13話　株式会社の定款

1．通常の上場会社の定款見本

　何はともあれ，会社の憲法ともいうべき定款というのはどんなものかを知るには実物をみるに限りますが，パターン化されており，各社とも似たような形式になっています。最初に公開会社の典型例である上場会社の定款見本をご紹介しますが，インターネットの検索で「（会社名）定款」とすれば，すぐに出てまいりますので，ご確認ください。

定　款

　　　第1章　総　　　則

（商号）

第1条　当会社は○○○株式会社と称し，英文では○○○INC.と表示する。

（目的）

第2条　当会社は，次の事業を営むことを目的とする。

　　　　1．………に関する事業

　　　　2．………に関する事業

　　　　3．労働者派遣事業及び有料職業紹介事業

　　　　4．他の会社の事業活動に対する支援，支配及び管理に関する事業

　　……………………………　（中略）　………………………………

　　　　9．その他適法な一切の事業

　　（注）現在は「………に関する事業」などという包括的記載が認められています。そのため，9も有効であり，持株会社は9の表現で締める例が多いといえます。この会社は4があるため，事業持株会社です。

第3条（本店の所在地）

　　　　当会社は，本店を東京都○○○区に置く。

（注）最小行政区画（市町村，東京では23区）までが必須記載事項です。

（公告方法）

第4条　当会社の公告方法は，電子公告により行う。ただし，電子公告によ
ることができない事故その他やむを得ない事由が生じたときは，日本
経済新聞に掲載して行う。

（注）電子公告のURLは定款に記載する必要がありません。

（機関構成）

第5条　当会社には，次の機関を置く。

　　　1．取締役会

　　　2．監査役

　　　3．監査役会

　　　4．会計監査人

（注）中小の公開会社では2までが多数です。

　　第2章　株　　式

【上場会社の場合】

（発行可能株式総数）

第6条　当会社の発行可能株式総数は，○○○株とする。

（注）公開会社では発行済株式の総数の4倍が上限です。

（単元株式数）

第7条　当会社の単元株式数は，100株とする。

（注）「1単元＝1議決権」であり，上場会社では市場取引単位にもなっ
ています。未上場の公開会社では定めないのが通常です。

（単元未満株式についての権利）

第8条　当会社の株主は，その有する単元未満株式について，以下に掲げる
権利以外の権利を行使することができない。

　　　（1）会社法第189条第2項各号に掲げる権利

　　　（2）会社法第166条第1項の規定による取得請求権付株式の取得を

　　　　請求する権利

　　　（３）募集株式又は募集新株予約権の割当てを受ける権利

（自己の株式の取得）

第９条　当会社は，取締役会の決議によって市場取引等により，自己の株式
　　　を取得することができる。

（株式取扱規則）

第10条　当会社の株式及び新株予約権に関する事項は，本定款のほか，取締
　　　役会の定める株式取扱規則による。

（株主名簿管理人）

第11条　当会社は株式につき株主名簿管理人を置く。

　　２　株主名簿管理人及びその事務取扱場所は取締役会の決議により定め
　　　る。

　　３　当会社の株主名簿及び新株予約権原簿の作成並びに備置き，その他
　　　の株式に関する事務は株主名簿管理人に取り扱わせる。

（基準日）

第12条　当会社は，毎年，事業年度末日最終の株主名簿に記載又は記録され
　　　た議決権を有する株主をもってその事業年度に関する定時株主総会に
　　　おいて権利を行使することができる株主とする。

【未上場の公開会社の場合】

（発行可能株式総数）

第＊条　当会社の発行可能株式総数は，○○○株とする。

（株券の不発行）

第＊条　当会社の株式については，株券を発行しない。

（株主名簿記載事項の記載の請求）

第＊条　株式取得者が株主名簿記載事項を株主名簿に記載することを請求す
　　　るには，当会社所定の書式による請求書に，その取得した株式の株主
　　　として株主名簿に記載された者又はその相続人その他の一般承継人及

び株式取得者が署名又は記名押印し，共同して請求しなければならない。ただし，法令に別段の定めがある場合には，株式取得者が単独で請求することができる。

（質権の登録及び信託財産の表示）

第＊条　当会社の株式につき質権の登録又は信託財産の表示を請求するには，当会社所定の書式による請求書に当事者が署名又は記名押印して提出しなければならない。その登録又は表示の抹消についても同様とする。

（基準日）

第＊条　当会社は，毎事業年度末日の最終の株主名簿に記載された議決権を有する株主をもって，その事業年度に関する定時株主総会において権利を行使することができる株主とする。

　　2　前項のほか，株主又は登録株式質権者として権利を行使することができる者を確定するため必要があるときは，取締役会の決議により，臨時に基準日を定めることができる。ただし，この場合には，その日を2週間前までに公告するものとする。

（株主の住所等の届出等）

第＊条　当会社の株主，登録株式質権者又はその法定代理人もしくは代表者は，当会社所定の書式により，その氏名又は名称及び住所並びに印鑑を当会社に届け出なければならない。届出事項等に変更を生じた場合も，同様とする。

　　2　当会社に提出する書類には，前項により届け出た印鑑を用いなければならない。

（募集株式の発行等）

第＊条　株主に株式の割当てを受ける権利を与える場合には，募集事項及び会社法第202条第1項各号に掲げる事項は，取締役会の決議により定める。

2　募集株式を引き受けようとする者が，その総数の引受けを行う契約を締結する場合には，当該契約の承認は，株主総会の決議による。ただし，取締役会の承認によることを妨げない。

第3章　株主総会

（招集）

第13条　当会社の定時株主総会は，事業年度末日の翌日から3か月以内に招集し，臨時株主総会は必要に応じて招集する。

（参考書類等のウェブ開示）

第14条　当会社は，株主総会の招集に際し，株主総会参考書類，事業報告，計算書類及び連結計算書類に記載又は表示すべき事項に係る情報を，法務省令に定めるところに従いインターネットを利用する方法で開示することにより，株主に対して提供したものとみなすことができる。

（注）上場会社が定める程度です。

第15条　（議長）

株主総会の議長は，社長がこれに当たる。社長に事故があるときは，らかじめ取締役会の定める順序により，他の取締役がこれに代わる。

第16条　（決議の方法）

1　株主総会の決議は，法令又は定款に別段の定めがある場合のほか，出席した議決権を行使することができる株主の議決権の過半数をもって決する。

2　会社法第309条第2項の規定によるべき決議は，議決権を行使することができる株主の議決権の3分の1以上を有する株主が出席し，その議決権の3分の2以上をもってこれを行う。

（注）定足数の3分の1まで緩和するのは，株主数の多い上場会社には適しても，中小企業では緩和する必要はないでしょう。

第17条　（議決権の代理行使）

株主が議決権の代理行使をなすには当会社の議決権を有する他の株

主を代理人とすることを要する。ただし，代理人は1名に限る。

第4章　取締役及び取締役会

第18条（取締役の員数）

当会社の取締役は○○名以内とする。

第19条（取締役の選任）

1　当会社の取締役の選任決議は，株主総会において議決権を行使することができる株主の議決権の3分の1以上を有する株主が出席し，出席した当該株主の議決権の過半数をもって行う。

2　取締役の選任については，累積投票によらない。

第20条（取締役の任期）

取締役の任期は，選任後2年以内に終了する事業年度のうち最終のものに関する定時株主総会の終結の時までとする。ただし，株主総会の選任決議をもって，その任期を短縮することを妨げない。

（注）非公開会社は選任後10年以内まで任期を伸長することができる。

第21条（取締役会の招集）

1　取締役会は，社長がこれを招集し，その議長となる。社長に事故があるときは，あらかじめ取締役会の定める順序により，他の取締役がこれに代わる。

2　取締役会の招集通知は，会日の3日前に各取締役及び各監査役に対して発するものとする。ただし，緊急の必要があるときは，この期間を短縮することができる。

第22条（取締役会の決議の省略）

当会社は，会社法第370条の要件を充たしたときは，取締役会の決議があったものとみなす。

第23条（役付取締役）

取締役会の決議をもって，取締役の中から，社長1名を選任し，必要に応じて，会長，副社長，専務取締役，常務取締役各若干名を選任

することができる。

第24条（社長）

1　社長は，当会社を代表し，会社の業務を統轄する。

2　取締役会の決議をもって，前条の役付取締役の中から会社を代表する取締役を定めることができる。

第25条（報酬等）

　　取締役の報酬，賞与その他の職務執行の対価として当会社から受ける財産上の利益は，株主総会の決議をもって定める。

第26条（非業務執行取締役等の会社に対する責任の制限）

　　当会社は，会社法第427条第1項の規定により，取締役（業務執行取役等であるものを除く）との間に，任務を怠ったことによる損害賠償責任を限定する契約を締結することができる。ただし，当該契約に基づく責任の限度額は，法令が定める額とする。

　第5章　監査役及び監査役会

第27条（監査役の員数）

　　当会社の監査役は5名以内とする。

第28条（監査役の選任）

1　当会社の監査役の選任決議は，株主総会において議決権を行使することができる株主の議決権の3分の1以上を有する株主が出席し，出席した当該株主の議決権の過半数をもって行う。

2　補欠監査役の選任決議の効力を有する期間は，選任後4年以内に終了する事業年度のうち最終のものに関する定時株主総会の開始の時までとする。

第29条（監査役の任期）

1　監査役の任期は，選任後4年以内に終了する事業年度のうち最終のものに関する定時株主総会の終結の時までとする。

2　任期満了前に退任した監査役の補欠として選任された監査役の任期

は，前任者の任期の残存期間と同一とする。

第30条（監査役会の招集）

監査役会の招集通知は，会日の3日前に各監査役に対して発するものとする。ただし，緊急の必要があるときは，この期間を短縮することができる。

第31条（常勤の監査役）

監査役会は，監査役の中から常勤の監査役を選定する。

第32条（報酬等）

監査役の報酬，賞与その他の職務執行の対価として当会社から受ける財産上の利益は，株主総会の決議をもって定める。

第33条（監査役の会社に対する責任の制限）

当会社は，会社法第427条第1項の規定により，監査役との間に，任務を怠ったことによる損害賠償責任を限定する契約を締結することができる。ただし，当該契約に基づく責任の限度額は，法令が定める額とする。

　第6章　会計監査人

第34条（会計監査人）

会計監査人の選任，任期その他に関する事項は，法令の定めるところによる。

　第7章　計　　算

第35条（事業年度）

当会社の事業年度は，毎年4月1日から翌年3月31日までの年1期とする。

第36条（剰余金の配当）

剰余金の配当は，毎事業年度末日最終の株主名簿に記載又は記録された株主又は登録株式質権者に対して支払う。

第37条（中間配当）

当会社は，取締役会の決議をもって，毎年9月30日現在における株
　主名簿に記載又は記録された株主又は登録株式質権者に対して中間配
　当することができる。
第38条（剰余金の配当の除斥期間）
　1　剰余金の配当（中間配当を含む）がその支払提供の日から満3年を
　　経過しても受領されないときは，当会社はその支払義務を免れるもの
　　とする。
　2　未払いの配当には，利息をつけない。
　　　　　　　　　　　　　　　　　　　　　　　　　　　　　以上

　定款には必須の記載事項（絶対的記載事項という）があり，会社法第27条及
び第37条が定める絶対的記載事項は，現に存在する株式会社にあっては，商号，
目的，本店所在地，発行可能株式総数程度です。本店所在「地」は市町村（東
京23区を含む）までであり，○○町○丁目○番○号という本店所在「場所」又
は住所は，定款で定める必要がありません（定めることも可能です）。
　株式の内容や機関構成などについては，定款に定めることによって効力が生
じます。会社法で「定款で定めなければならない」とか，「定款の定めによっ
て」とある場合です。これを定款の有益的記載事項といいます。
　その他は任意の記載事項であり，会社法第29条が「株式会社の定款には，こ
の法律の規定により定款の定めがなければその効力を生じない事項及びその他
の事項でこの法律の規定に違反しないものを記載し，又は記録することができ
る」と規定しています。事業年度や株主総会の招集権者や議長の定めなどが典
型例ですが，強行規定に反しない限り何でも規定することができるため，実務
でも，代表取締役を定款の附則で選定するなど，この規定を利用することが少
なくありません。

2．非公開会社の定款

　非上場会社のほとんどが全株式に譲渡制限を設けた非公開会社であること，

第3章 会社・株式会社とは何か **67**

株式取扱規則や取締役会規則を設けていないこと，公告方法が安価な官報になっていること，監査役会や会計監査人を設置していないこと，取締役等の任期が公開会社よりも伸長されていること等に特徴がある程度です。非公開の取締役会設置会社では，一般に次のようになります。

（機関構成）

第4条　当会社は，株主総会及び取締役のほか，次の機関を置く。

　　　1. 取締役会

　　　2. 監査役。ただし，監査役の権限は会計に関するものに限定する。

　（注）監査役の権限を会計に限定した場合は，「取締役会の招集通知は，日の3日前に各取締役及び各監査役に対して発する」の「及び各監査役」を削除するなどの影響が生じます。

（公告方法）

第5条　当会社の公告は，官報に掲載してする。

　　　………………………………（中略）………………………………

（株式の譲渡制限）

第8条　当会社の株式を譲渡により取得するには，取締役会の承認を受けなければならない。

　　　………………………………（中略）………………………………

（取締役の任期）

第25条　取締役の任期は，選任後○年以内に終了する事業年度のうち最終のものに関する定時株主総会の終結の時までとする。

　2　任期満了前に退任した取締役の補欠として，又は増員により選任された取締役の任期は，前任者又は他の在任取締役の任期の残存期間と同一とする。

　（注）監査役の任期についても，ほぼ同様の伸長規定があります。

　上記の根拠（非公開会社に関する主要会社法条文）は次のとおりです。

▲会社法第389条（定款の定めによる監査範囲の限定）第1項

　公開会社でない株式会社（監査役会設置会社及び会計監査人設置会社を除く。）は，第381条（注：監査役の権限）第1項の規定にかかわらず，その監査役の監査の範囲を会計に関するものに限定する旨を定款で定めることができる。

　（注）これは登記事項にもなっています（911条3項17号）。

▲会社法第332条（取締役の任期）

　1項：取締役の任期は，選任後2年以内に終了する事業年度のうち最終のものに関する定時株主総会の終結の時までとする。ただし，定款又は株主総会の決議によって，その任期を短縮することを妨げない。

　（注）選任後2年以内に事業年度の末日があることであって，定時株主総会の日が
　　　　2年以内という意味ではありません。

　2項：前項の規定は，公開会社でない株式会社（監査等委員会設置会社及び指名委員会等設置会社を除く。）において，定款によって，同項の任期を選任後10年以内に終了する事業年度のうち最終のものに関する定時株主総会の終結の時まで伸長することを妨げない。

▲会社法第336条（監査役の任期）

　1項：監査役の任期は，選任後4年以内に終了する事業年度のうち最終のものに関する定時株主総会の終結の時までとする。

　2項：前項の規定は，公開会社でない株式会社において，定款によって，同項の任期を選任後10年以内に終了する事業年度のうち最終のものに関する定時株主総会の終結の時まで伸長することを妨げない。

　3項：第1項の規定は，定款によって，任期の満了前に退任した監査役の補欠として選任された監査役の任期を退任した監査役の任期の満了する時までとすることを妨げない。

　（注）監査役は職務上独立した立場であり，補欠ではない増員監査役は任期を短縮
　　　　することができません。

第3章 会社・株式会社とは何か **69**

第14話 株式会社の登記記録

商業登記の登記記録の簡単な内容は，次のとおりです。

現在事項全部証明書

会社法人等番号	００００－００－０００００		
商　号	株式会社○○○○		
本　店	東京都○○区○○町○番○号		
公告をする方法	官報に掲載してする		
会社成立の年月日	昭和○○年○月○日		
目　的	1．○○○○・・・ 2．○○○○・・・		
発行可能株式総数	○○○株		
発行済株式の総数並びに種類及び数	発行済株式の総数 ○○株		
資本金の額	金○○万円		
株式の譲渡制限に関する規定	当会社の株式を譲渡により取得するには，取締役会の承認を要する		
役員に関する事項	取締役　　　○○○○		平成○年○月○日重任
			平成○年○月○日登記
	・・・・・・・・・・・・・・・・・・・・・・・ (中略) ・・・・・・・・・・・・・・・・・・・・・		
	東京都○○区○○町○丁目○番○号 代表取締役　○○○○		平成○年○月○日重任
			平成○年○月○日登記
	監査役　　　○○○○		平成○年○月○日重任
			平成○年○月○日登記
取締役会設置会社に関する事項	取締役会設置会社		
監査役設置会社に関する事項	監査役設置会社		
登記記録に関する事項	設立		

登記簿謄本ともいいますが，いまは紙の時代ではなくコンピュータによって情報処理される時代ですから「登記記録」といいます。変更の履歴まで表したものが「履歴事項全部証明書」であり，現在，効力のあるものを中心としたのが「現在事項全部証明書」です。いわゆる資格証明書といわれる「代表者事項証明書」や「閉鎖事項証明書」というものもあります。

インターネット上の「登記情報提供サービス」というところで，全国どこの会社の証明書も取得することができますので，挑戦してみてください（登記所の押印がなく，正式の証明書としては使えません）。なお，登記所での登記記録の取得には資格は必要なく，誰でも可能です。

【実務Q＆A】

Q1 定款変更で決算期を変更したのですが，登記が必要ですか。

A1 株式会社の登記事項は主として会社法第911条第3項に列挙されており，決算期は登記事項ではないため，登記は不要です。

....

Q2 執行役員に異動が生じたのですが，これは登記が必要ですか。

A2 指名委員会等設置会社の「執行役」と相違し，執行役員は会社法の役員ではありません。高級従業員のようなものですから，登記は不要です。

....

Q3 代表取締役社長Aが代表取締役会長になり，新たに代表取締役社長Bを選任しましたが，代表取締役社長，代表取締役会長と登記に表わせますか。

A3 不可能です。社長，会長は登記事項ではありません。なお，この場合，代表取締役Aの登記所届出印は，A専用であり，その印鑑を代表取締役Bの印鑑にすることはできませんので気をつけてください。B専用にするためには，同時にAにおいて印鑑廃止届が必要です。届出印は個人単位です。

....

Q4 取引先に提出するため，履歴事項証明書3通と定款1通，印鑑証明書2通の取得を代理してお願いしたいのですが………。

第3章　会社・株式会社とは何か　**71**

A4　定款は登記所では出してくれません。自社で現在の内容の定款を作成し，「当社の定款に相違ない」と代表取締役が原本証明して取引先に提出することになります。代表取締役の印鑑証明書の取得のためには，印鑑カードを渡していただけませんと取得することができません。

Q5　登記所という場合と法務局という場合があるようですが………。
A5　法務局は官庁そのものであり，そこが登記事務を扱います。そのことを登記所といいますが，法務局は供託など登記以外の仕事もしています。

Q6　本店住所あるいは代表取締役の住所が「1丁目2番3号」なのに「一丁目2番3号」と登記されています。なぜですか。
A6　丁目は本町や富士見町などと同じく固有名詞であり，「一丁目」が正しいとされています。「1丁目」で申請しても，登記記録では「一丁目」とされます。ただし，「○○町1－2－3」などという表記も可能であり，この場合は，「1」が丁目か登記所には不明ですから，そのまま登記されます。
　以上は代表取締役の住所についてもいえます。
　なお，ビル名やその階数まで本店住所あるいは代表取締役の住所として登記するかは自由です。いったん，ビル名まで登記した後にビル名を削除する登記も可能です。

Q7　英文商号も登記したいのですが，不可能ですか。
A7　ローマ字商号（株式会社ABCなど）は可能ですが，商号以外に英文商号を登記すること（併記すること）はできません。

Q8　登記事項が生じたのですが，いつまでに申請しなければなりませんか。また，これが遅れると罰金を課せられるのですか。
A8　原則は2週間以内です（915条1項）。それまでに申請すればよく，登記手続が終わっている（登記記録を取得することができる）必要はありません。

現実には，取締役全員の印鑑が揃わないなどのやむをえない理由で，2週間を超えてしまうこともありますが，あまりに長期に登記申請が遅れた場合には（登記懈怠），会社ではなく代表取締役個人が過料に処せられ，ご自宅に裁判所から通知が届きますので，可能な限り速やか申請をお勧めします。なお，過料は，刑事罰ではありません（刑事罰の「科料」と相違します）。

....

Q9 司法書士がよく「補正日はいついつです」といいますが，補正日とは何ですか。

A9 登記を申請すると，受け付けられて調査がはじまりますが，その申請に不備があり訂正することを補正といい，不備がなければ登記が完了し登記記録を取得することができる状態になります。その予定日を補正日といいますが，通常は申請後1週間から10日程度です。なお，1日に申請し，8日に完了しても，登記記録上は申請日の「1日登記」と表記されます。

....

Q10 登記の完了まではどういう流れになりますか。

A10 登記所には，受付係，申請内容の調査係，登記記録への記入係，チェックの校合係などがあり，上司のチェックもあります。登記に時間がかかるのは，このどこかが遅れる場合であり，上司が出張中ということもあります。登記を早めるには，申請書類の速やかな準備こそ必要でしょう。

....

Q11 当社では，簡単な登記申請を総務部自ら行っていますが，何か問題が生じますか。

A11 餅は餅屋に任せないと間違いが多く，改正にも着いていけません。特に，商業登記規則の改正や登記通達等による取扱いの変化などは，専門家でないと情報を得るのが困難です。高額な費用が必要ではないため（総務部員の時間給よりは安いでしょう），専門家に任せることをお勧めします。

第3章　会社・株式会社とは何か　**73**

| 第15話 | 株式会社の設立 |

1．発起設立と募集設立

　株式会社の設立方法には，設立の企画者で設立中の会社の機関である発起人だけで設立する「発起設立」と，外部から株主を募集する「募集設立」の2つの方法があります（発起設立のつもりが途中から募集設立に切り替えることもできます）。募集設立の場合は，出資金を銀行に保管してもらうなどの面倒な手続が必要であるため敬遠されていますが，発起人以外の株式申込人の印鑑証明が不要であるという長所がありますから，多数で会社を作ろうなどというときには便利な方法です。ただ，現実の会社の設立は，ほとんどが発起人1名か数名以内のため，圧倒的多数が発起設立です。

　なお，会社法立案当時は，発起設立後に株主を募集すればよいとして募集設立の手続を会社法に設けない予定でしたが，外国資本の出資による株式会社の設立に便宜なことなどから（注：定款の認証に印鑑証明書が必要であるため，日本人1人を発起人にして定款の認証を済ませた後に，外資を申込人にして出資させ，設立後に日本人の株式を外資に売却し，外資の100％傘下にする），実務界のニーズを受けて，募集設立が残されました。ただし，現実には，この場合もあまり利用されていないようです。

2．発起設立の流れ

　会社法の条文によりますと，金銭出資の発起設立の場合は，次の順序です。

　①発起人が定款を作成し，その全員がこれに署名又は記名押印します（26条）。紙の定款の場合は，収入印紙4万円が必要ですが，司法書士等の代理人に電子定款を作成してもらう場合は，4万円を節約することができます。

　会社法第32条第1項の「発起人が割当てを受ける設立時発行株式の数，それと引換えに払い込む金銭の額，成立後の株式会社の資本金及び資本準備金の額に関する事項」は，発起人全員の同意で定めても，定款の附則に定めても，ど

ちらでもかまいません。定款に定めたということは，発起人全員の同意があったということだからです。

②管轄内（現実には設立しようとする株式会社の本店と同一の都道府県内）の公証人役場で公証人に定款を認証してもらいます（30条）。認証手数料及び定款の謄本代で5万2000円程度が必要です。

③最初の株主となる発起人が出資します。発起人個人の銀行口座に振り込むことで足ります。自己が自己に振り込むような場面にもなりますが，出資者が設立中の会社の機関である発起人に支払うわけです。

④設立時の役員を選任します（38条）。③の出資で資本多数決の世界に変わりましたから，発起人1人1票ではなく，1株1議決権の資本多数決で選任するのであり，全員の同意ではありません。取締役会設置会社を設立するときの設立時代表取締役については，設立時取締役の互選で選定します（47条）。これは，設立段階では，まだ取締役会が存在しないためです。

④設立登記をします（49条）。登録免許税は資本金額の0.7％ですが，下限は15万円です。これで株式会社が設立されます。登記簿謄本を取れるかどうかは無関係で登記申請日が設立日になります。

なお，取締役会設置会社の場合は，設立登記申請にあたり，設立時代表取締役だけに個人の印鑑証明書の添付が必要ですが（代表取締役にならない取締役や監査役には本人確認証明書の添付が必要），非取締役会設置会社の場合は，代表権を有しない取締役であっても，個人の印鑑証明書の添付が必要です（以上，商登規則61条4項・5項）。非取締役会設置会社では，代表権を有しない取締役でも，潜在的には代表権があると考えられているためです。

以上の手続ですが，実務では，予定どおりにコトが運ばないものです。定款の認証前に，③の出資をしてしまうこともよくあります。これについては，登記実務の運用で，発起人への割当株数・払込金額を決めた後の出資であれば定款認証前の出資であっても，登記を受け付けるとされていますので，定款の作成日や発起人全員の同意日については，少なくとも早い時期の日付にしておく必要があります。

日程としては，準備さえしっかりしていれば，全手続を１日で終わらせることも不可能ではありません。

３．設立時取締役と取締役

　公証人の認証を受けた定款に「代表取締役は取締役の互選で定める」とあれば，最初の代表取締役を設立時の取締役の互選で定められるでしょうか。つい，当然に可能だと思ってしまいますが，設立時取締役，設立時代表取締役と設立時が付かない設立後の取締役，代表取締役とは権限が大きく相違しますので，「設立時代表取締役は設立時取締役の互選で定める」と定款に定めていない限り，会社法第38条第１項に基づき発起人が選任しなければなりません。会社法第47条第１項に「設立時取締役は，設立しようとする株式会社が取締役会設置会社（指名委員会等設置会社を除く）である場合には，設立時取締役（…略…）の中から株式会社の設立に際して代表取締役（株式会社を代表する取締役をいう。以下同じ）となる者（以下「設立時代表取締役」という）を選定しなければならない」とあっても，これは，「設立しようとする株式会社が取締役会設置会社である場合」の話ですから，非取締役会設置会社に準用することはできません。

４．原始定款の活用

　その他，本店の所在場所の決定ですら，設立時取締役には決定権限がないとされていますので，設立に関する事項は設立中の機関である発起人に決定させるか，原始定款（注：最初の定款という意味）の附則に定めてしまうのが設立手続に失敗しないコツです。会社法第29条に「株式会社の定款には，この法律の規定により定款の定めがなければその効力を生じない事項及びその他の事項でこの法律の規定に違反しないものを記載し，又は記録することができる」とありますので，これを活用し，最初の代表取締役も本店所在場所も記載しておけば安全です。

76

第16話　合同会社の設立

1．合同会社の定款と登記記録

　合同会社は会社法になって誕生した新しい形態の会社であり，馴染みの薄い方も多いことでしょうから，実感をもっていただくため，A株式会社が子会社として金100万円を出資し，B合同会社を設立した場合の最も簡単な定款及び登記記録をご紹介します。

（合同会社の一般的な定款）

定　　　款

第1章　　総　　　則

第1条　当会社は，B合同会社と称する。

第2条　当会社は，次の事業を営むことを目的とする。

　　　　1．不動産及び駐車場の管理

　　　　2．前号に附帯関連する一切の事業

第3条　当会社は，本店を東京都千代田区○町○丁目○番○号に置く。

第4条　当会社の公告は，官報に掲載してする。

　第2章　　社員及び出資

第5条　当会社の社員は，全て有限責任社員とし，その氏名又は名称及び住所並びに出資の目的及びその価額は，次のとおりである。

　　　　　　東京都千代田区○町○丁目○番○号

　　　　　　　有限責任社員　A株式会社　　金100万円

　第3章　　業務の執行及び会社の代表

第6条　社員A株式会社は業務執行社員とし，当会社の業務を執行するものとする。

第7条　業務執行社員は，当会社を代表すべき社員とする。

　第4章　　社員の入社及び退社

第8条　新たに社員を入社させるには，総社員の同意を要する。

第9条　社員が死亡又は合併により消滅した場合には，当該社員の相続人その他の一般承継人が当該社員の持分を承継するものとする。

　　第5章　　計　　算

第10条　当会社の事業年度は，毎年4月1日から翌年3月31日までの年1期とする。

　　第6章　　附　　則

第11条　当会社の設立に際して出資される財産のうち，金100万円を資本金とする。

第12条　本定款に定めのない事項については，すべて会社法その他の法令の規定するところによる。

（合同会社の登記記録例）

会社法人等番号	００００－００－０００００
商　　号	B合同会社
本　　店	東京都千代田区○町○丁目○番○号
公告をする方法	官報に掲載してする
会社成立の年月日	平成○年○月○日
目　　的	1．不動産及び駐車場の管理 2．前号に附帯関連する一切の事業
資本金の額	金100万円
社員に関する事項	業務執行社員　A株式会社
	東京都千代田区○町○丁目○番○号 代表社員　　　A株式会社 横浜市港北区○町○丁目○番○号 職務執行者　　P
登記記録に関する事項	設立 　　　　　　　　　　　　　　　平成○年○月○日登記

上記のとおり，合同会社は社員自身が業務執行に従事する持分会社の1つですが，間接有限責任社員だけで構成されるため，合名・合資会社と相違して資本金の額も登記事項です。また，社員も業務執行社員にならない限り登記されません。この点は，株式会社に似ています。

なお，業務執行社員は株式会社などの法人でもかまいません。ここは株式会社の取締役と相違するところですが，肉体を有しない法人は合同会社の業務を執行することができませんから，「職務執行者」を選任し（598条1項），その者に業務を委ねます。合同会社の代表社員が法人であるときは，上記の登記記録の例のとおり，この職務執行者の氏名及び住所も登記事項になっています（914条8号）。

2．合同会社のメリット

なぜ会社の中で株式会社が一番多いかといえば，よく知られた馴染みやすい会社であり，対外的にも信用されやすく事業活動に便利だからでしょう。この関係からか，合同会社は資産管理会社など外部と折衝することの少ない会社に適しているといえます。

設立費用的には，メリットが大きいといえます。

第1に，合同会社の原始定款は公証人の認証が必要ありません。5万円相当の認証手数料が不要です。

第2に，出資金額の半分以上を資本金に計上しなければならないという規制もありません。10億円の出資に対し，1万円の資本金でも0円でもかまいません（残りは資本剰余金になります。持分会社には資本準備金という概念がありません）。これは大きなメリットです。

第3に，設立の登録免許税も株式会社の最低額が15万円であるのに対し6万円です。

第4に，出資金の払込みにつき，株式会社のように銀行を支払場所とする必要がありません。代表社員の出資金受領書をもって登記申請の添付書面とすることができます。ただし，高額の場合は，登記申請を代理する司法書士が不安

がりますので，代表社員の銀行口座への振込みが多いようです。

　以上を知ると，株式会社を設立せずに合同会社で設立し，その後，株式会社に組織変更すればよいと誰でも考えますが，組織変更自体が合併並みの手続のため，そう簡単には行きません。

3．法人が代表社員の問題点

　合同会社の代表社員が株式会社のときは，職務執行者を選任し登記しなければなりません。この「職務執行者」は，合同会社の運営を委ねられた支配人のような地位にあるため，その者の選任には，代表社員たる株式会社の取締役会決議（非設置会社なら取締役の過半数の決定）が必要だとされています。

　一般論としては正当ですが，職務執行者は代表社員の従業員とは限りませんし，もし代表社員であるA株式会社が子会社を多数有する巨大上場会社だったとしたら，この程度の子会社の職務執行者を選任するのに，取締役会決議まで必要でしょうか。せいぜい代表取締役か事業部長の決済事項程度で済むことでしょう。

　ところが，合同会社の設立登記を担当する登記所では，合同会社の代表社員の企業規模を知る由もありませんし，全国共通の取扱いを重視する登記の世界では，合同会社の職務執行者の選任議事録として代表社員たる上場会社の取締役会議事録を要求してきます。

　そこで，実務の知恵として，中間に合同会社を管理するだけの株式会社を設立し，当該合同会社を孫会社にすることが多いといえます。あるいは，社員としては，上場会社のA社と，その子会社である中間持株会社であるC株式会社の2社にするが，業務執行社員・代表社員をC社だけにします。

　これで上場会社のA社は，業務執行社員にもならないため，合同会社の登記記録に現れることはありません。合同会社の職務執行者を選任するのは，子会社であるC社の役割です。Cが取締役1名の非取締役会設置会社であれば，その者の決定だけで済みます。

第4章
株式と新株予約権

第17話　株式と株券
第18話　自己株式
第19話　株主権と株式の共有
第20話　発行可能株式総数
第21話　株式の併合と分割
第22話　株式併合と
　　　　キャッシュ・アウト
第23話　株式の分割と無償割当て
第24話　単元株式制度
第25話　譲渡制限株式
第26話　種類株式とその歴史

第27話　種類株式についての誤解
第28話　種類株主総会の実務
第29話　募集株式の募集
第30話　募集株式の総数引受け
第31話　募集新株予約権の特徴
第32話　金銭以外の出資（現物出資）
第33話　出資と資本金
第34話　自己株式の合意取得
第35話　承継概念と承継人に対する
　　　　売渡しの請求

第17話　株式と株券

1．株式とは

　株式につき，「株主たる地位」とか，「株式会社の社員たる地位」と説明されますが，これでは何のことか分かりません。「株主であること」とでも理解しておけば十分でしょう。

　例えば，東京都民は，都民たる地位に基づき都議会議員の選挙権や都民サービスを受ける権利を有すると同時に，都民税の納税義務を負っています。こういう「権利や義務を有する立場」を「地位」というわけですから，株式についても「○○株式会社の株主として議決権や剰余金の配当を受ける権利等を有する立場」とご理解ください。

　株主は会社債権者に対して間接有限責任を負いますが，株主になる際に出資の全額を履行済みのため，株主になった後には「義務」はないのも同様です。したがって，権利義務の「地位」ではなく，「株式とは株主権のこと」と考えても差支えありません。

　また，「株式は株式会社に対する持分」でもあります。ただし，持分会社の持分と相違し，持株数だけの数の持分を有する持分複数主義が株式の特徴です。

2．株　券

　株券は株式を表章する有価証券です。比喩でいえば，株主である証であり，会員証みたいなものですが，周知のとおり，現在は株券不発行が会社法の原則です。これは会社法が有限会社法をベースにしたためでしょう。

　会社法施行以前から存在する株式会社は，株券を発行しないと定款に定めていない限り，定款に株券を発行する旨の定めがあるとみなされ（整備法76条4項），登記記録上も「株券発行会社」と登記官の職権で登記されています（整備法113条4項，136条12項3号）。いまだに，登記記録が次のようになっている会社がこれです。

株券を発行する旨の定め	当会社の株式については，株券を発行する
	平成１７年法律第８７号第１３６条の規定により平成１８年　５月　１日登記

しかし，会社法施行後10年以上も経過した今日では，定款から，これを廃止した会社が少なくありませんし，上場会社も株券が電子化され，平成21年１月５日付で一斉に株券を廃止しております。

なお，株券発行会社というのは，株券を発行することのできる会社であって，実際に株券を発行しているかどうかを問いません。会社法第117条第６項の定義でも「その株式（種類株式発行会社にあっては，全部の種類の株式）に係る株券を発行する旨の定款の定めがある株式会社」とされているだけです。また，次のとおり，圧倒的多数の非公開会社（本書３頁）では，発行していないことが違法というわけではありません。

▲会社法第214条（株券を発行する旨の定款の定め）

　株式会社は，その株式（種類株式発行会社にあっては，全部の種類の株式）に係る株券を発行する旨を定款で定めることができる。

▲会社法第215条（株券の発行）

　１項：株券発行会社は，株式を発行した日以後遅滞なく，当該株式に係る株券を発行しなければならない。

　４項：前３項の規定にかかわらず，公開会社でない株券発行会社は，株主から請求がある時までは，これらの規定の株券を発行しないことができる。

【実務Q＆A】

Q1　額面株式（券），無額面株式（券）とは何ですか。

A1　社債券などと同じく券面額が株券に記載されているものを額面株式（券）といい，原則として昭和25年商法改正以前に設立された株式会社が額面50円，昭和56年改正商法までは額面500円，以後は額面５万円が最低単位でした。券面額に過ぎず株式の発行価額とは無関係です。

平成13年10月以前は，上場会社のほとんどが額面50円であり，株価が50円を割ることを額面割れなどといっていましたし，株価は額面の何倍だなどということもありました。当時から，額面のない無額面株式を発行することができましたが，ほとんどの会社が定款で額面株式のみを採用していました。しかし，平成13年10月施行の改正商法で額面株式が廃止され，株式会社が発行する株式は全て無額面株式ということになりました。したがって，現在では，額面，無額面を区別する意味もありません。

　なお，額面株式時代は，中小企業のほとんどが「額面×発行済株式数＝資本金額」の関係にあり，資本金額を減少するときは株数も減少しなければならないと考えられていたため，現在でも，資本金額を減少するときは株数も減少するものだと思い込んでいる方が少なくありません。現在は，無額面株式一本ですから，株数と資本金額とは無関係です。

Q2　株券なくして，自分が株主であることの証明はどうするのですか。
　A2　株主はいつでも自分が株主名簿に登載された株主であることの証明書を会社に請求することができます（122条1項）。

Q3　株券を廃止する手続を教えてください。
　A3　株券を発行する旨の定款（整備法によるみなし定款を含む）の定めの廃止と廃止手続の2つが必要です。廃止手続は，株券を実際に発行している場合には株券廃止公告が必要ですが，株券の回収までは必要ありません。株券発行会社で実際に株券を発行していない場合には，株主への通知だけで足ります（218条）。その場合は「株券を発行していないことを証する書面」として，株主名簿等を添付して登記を申請します。株主名簿には株券番号を記載しなければなりませんので（121条），発行していない証明として相応しいからです。

　株券発行会社のままでは，吸収合併の消滅会社になった際に，株券提出公告や株券を発行していない旨の証明を求められますので，可能であれば廃止しておくことです。

第4章 株式と新株予約権 *85*

第18話 自己株式

1. 自己株式とは

　自己株式とは，会社が有する自己の株式です（113条4項かっこ書）。特殊な株式というわけではなく，単に会社が自分で発行した株式を何らかの事情に基づき自社で所有しているというに過ぎません。

　債権の場合は，債権と債務が同一人に帰した場合は，「混同」といって，原則として当然に消滅いたしますが（民法520条），株式の場合は会社の解散や株式の消却がなされない限り，消滅することはありません。これは株式が企業所有権（共有持分権）の変形であり，容易に消滅を認めるのは適当でないためだと思われます。

　自己株式の保有は上場会社ではめずらしくありません。それどころか，ほとんどの上場会社が定款に，「当会社は，会社法第165条第2項の規定により，取締役会の決議をもって市場取引等により自己株式を取得することができる」といった定めを設けて，自己株式を取得しています（ただし，取得財源についての規制があります）。上場会社の中には，自己株式を有する自社が筆頭株主になっているところさえあります。

　平成13年10月施行の改正商法以前は，自己株式の取得や保有を認めるとさまざまな弊害が生じるとして，取得が原則として禁止され所有した場合にも遅滞なく処分せよとされていましたが，証券市場の活性化等を目的として，同改正法の施行で，資金力のある会社自身の取得を認めたものです。取得後はそのまま金庫に長期に保有することが肯定されましたので，その改正を金庫株改正などということがあります。同時に，額面株式を廃止し無額面株式に一本化するなど画期的な改正でしたが，議員立法だったからできたことでしょう。

　市場で買えても市場での売却はできません。また，会社法による規制ではありませんが，相場操縦の防止のため，毎月一定の時期に一定金額の範囲で定期的に購入することを要し，安い時を選んで購入するようなことはできません。

自己株式の処分は株式を流通に置き資金調達になる点で新株式の発行と同じ効果がありますから，会社法では，自己株式の処分は募集株式の発行等の1つとされました。会社法第199条に「株式会社は，その発行する株式（注：「発行」とあるので新株式のこと）又はその処分する自己株式を引き受ける者の募集をしようとするときは」とあるとおりです。合併株式等にも自己株式を利用することができます。

2．自己株式の株主権

自己株式も株式の内容としては一般の流通株式と相違しませんが，発行会社自身が保有しているという1点でさまざまな制約が存在します。

株主権は株主と会社との関係ですから，自己株式では，自社と自社との関係になってしまいますので，議決権の行使も剰余金の配当も禁じられています（308条2項，453条）。その他にも株主割当増資において，株式の割当てを受ける権利がありませんし（202条2項かっこ書），吸収合併の際にも合併消滅会社の自己株式には合併対価の割当てを受ける権利がありません（749条1項3号。ただし，株式交換では子会社の全株を親会社に引き継がせる関係で子会社の自己株式には割当てを受ける権利があります。768条1項第3項対比）。

同様に自己自身への割当てとなる株式の無償割当てもできませんが（186条2項），株式分割や株式併合については，株式の細分化又は統合ですし，持株比率を変更してはならない制度のため，自己株式も対象になります。

なお，自己への割当てに関する条文については，見過ごされやすいので，以下に列挙しておきます。

▲会社法第186条（株式無償割当てに関する事項の決定）第2項

前項第1号に掲げる事項についての定めは，当該株式会社以外の株主（略）の有する株式（略）の数に応じて同項第1号の株式を割り当てることを内容とするものでなければならない。

▲会社法第202条（株主に株式の割当てを受ける権利を与える場合）第2項

前項の場合には，同項第1号の株主（当該株式会社を除く。）は，その有す

る株式の数に応じて募集株式の割当てを受ける権利を有する。（以下略）。

▲会社法第453条（株主に対する剰余金の配当）

　株式会社は，その株主（当該株式会社を除く。）に対し，剰余金の配当をすることができる。

▲会社法第749条（株式会社が存続する吸収合併契約）第１項第３号

　前号に規定する場合には，吸収合併消滅株式会社の株主（吸収合併消滅株式会社及び吸収合併存続株式会社を除く。）………に対する同号の金銭等の割当てに関する事項

【実務Q&A】

Q1　自己株式を取得することは新株式発行の契約解除と同じで資本金額が減少しないのですか。

A1　減少しません。自己株式を保有しても，再度，自己株式の処分によって流通に置かれることもありますので，資本金額が減少しては不都合です。また，契約の解除なら，自己株式も存在しない状態になるはずです。

Q2　少なくとも自己株式を消却（株式を消滅させること）させたら，資本金額が減少するのではないですか。

A2　株数の減少は資本金額の減少に通じるというのは，「額面×株数＝資本金」という額面株式時代の古い考え方です。無額面株式に一本化されている今日では，新株式発行後は株数の問題と資本金の問題は完全に無関係です。

Q3　自己株式の取得に財源規制があるとはどういう意味ですか。

A3　株主に配当することのできる剰余金（正確には分配可能額）の範囲内でしか自己株式を取得することができません（461条１項２号）。資本金や準備金を原資にするには債権者保護手続が必要であるため，株主が自由にできる剰余金額が限度です。したがって，剰余金が不足する業績の悪い会社は自己株式を有償で取得することはできません。

第19話　株主権と株式の共有

1．株主権

　株式とは，株式会社に対する共有持分が株式会社という団体に相応しいように変貌したものだということは，もうお分かりでしょうか。このように株式も企業所有権（共有持分権）の一種ですから，所有権の権能である使用・収益（賃貸収入などを得られる権利）・処分という３つの権能があります。株主権でいうと，共益権，自益権，譲渡等の処分権ということになります（一般に株主権という場合は，会社法第105条にあるとおり，会社に対する権利として共益権と自益権のみをいいますが，私自身は会社法では処分権も株主権に含めるべきだと主張しています）。

▲会社法第105条（株主の権利）第１項

　株主は，その有する株式につき次に掲げる権利その他この法律の規定により認められた権利を有する。

　一　剰余金の配当を受ける権利

　二　残余財産の分配を受ける権利

　三　株主総会における議決権

　「共益権」というのは，株主総会における議決権や取締役等の行為に対する監督是正権など企業所有者の一人として会社の運命を決定できる権利のことです（憲法でいえば参政権に該当）。「自益権」は，剰余金の配当請求権を中心とする会社から直接に経済的利益を受ける権利です（憲法でいえば社会権でしょうか）。「処分権」は，株式を処分し投下資金を回収する権利です（憲法でいえば経済的自由権でしょうか。国籍離脱の自由権でしょうか）。

　この株主権は株式の種類によって権利の内容が異なります。

　いわゆる配当優先株式は，普通株式よりも有利な配当を受けられる株式ですから自益権に関係する種類株式です。いわゆる議決権制限株式は，一部の議案

あるいは全ての議案に議決権を行使することができない株式ですから共益権に関係する種類株式です。譲渡制限株式は株式を譲渡するにあたり会社の承認を要する株式であり，処分権に関係する種類株式です。

　歴史的にみると，「自益権に関係する種類株式→共益権に関係する種類株式→処分権に関係する種類株式」という順序で登場してきました。処分権に関係するものは会社法になってからです。旧商法時代には，処分権に関係するものは会社の性格を表すものとされ，株式の内容としては構成されていなかったためです。種類株式については，項を改めて，説明します。

２．株式の共有と株主権行使

　甲がA株式会社の株式90株を所有しているとします。この場合は，90株につき甲が１個の所有権（共有持分権）を有していると考えるのではなく，１株ごとに計算して90個の所有権があると考えてください。

　同様に，乙丙丁の３名が各３分の１の持分で90株を共有しているということは，各自が30株ずつ所有していることではなく，１株１株が３名の共有だということです。甲が死亡し，乙丙丁が甲の株式を相続した場合も同様です（各自のものにするには，遺産分割など共有状態の解消が必要です）。

　共有の場合の会社との関係では，会社法で，次のように規定しています。

▲会社法第106条（共有者による権利の行使）

　株式が２以上の者の共有に属するときは，共有者は，当該株式についての権利を行使する者１人を定め，株式会社に対し，その者の氏名又は名称を通知しなければ，当該株式についての権利を行使することができない。ただし，株式会社が当該権利を行使することに同意した場合は，この限りでない。

　すなわち，会社の立場からすれば，乙丙丁の３人が株主総会に出席し３人分も発言されては困りますから，共有は実質１人扱いしているわけです。

　従業員持株会などは，実質は法人化されていない社団（権利能力なき社団）とみられていますが，規約で民法上の組合とされているのが通常です。これは

持株会自体ではなく，会員個々に課税されるようにするためです。したがって，持株会の所有も会員の共有ということになりますが，会社は株主名簿を基準に株主1名とカウントします。

【実務Q＆A】

Q1 株式とは，株式会社に対する共有持分が株式会社という団体に相応しいように変貌したものだということについて，再度説明してください。

A1 民法が個人の問題を規律しているとすれば，会社法は会社という団体（社団）について規律する法律です。前者に規定する「共有」も株式会社という団体を規律する場合は，共有持分が株式制度を通じて持ち株数分の共有持分となり，対象である株式会社に対する権利も物に対する権利とは違った形になるということです。

....

Q2 相続人の所有は共有ではなく，合有だと学びましたが。

A2 合有というのは学者が使う用語で，われわれは「特殊な共有」（制約付の共有）として捉えておけば十分です。民法第898条も「相続人が数人あるときは，相続財産は，その共有に属する」と規定しているとおりです。

....

Q3 ベンチャーキャピタルが音頭を取って作る投資ファンドも民法上の組合ですか。登記することもできるようですが。

A3 登記したのは「投資事業有限責任組合契約に関する法律」に基づく投資事業有限責任組合のことでしょう。これも，その名称からして民法上の組合契約です。

なお，投資ファンドとは，例えば1口1億円で30口を集めて組合（ファンド）を組成したとします。組合名は，多くの場合，「○○○第○号投資事業有限責任組合」などとします。このファンドで集めた30億円を将来性のあるベンチャー企業数社に投資するわけですが，その一部でもIPO（株式の上場）し，その株式を上場時に売却すれば，十分な儲けが生じ，これを組合員で分配します。

第4章　株式と新株予約権　　91

| 第20話 | 発行可能株式総数 |

　発行可能株式総数とは，その会社の株式全部の発行限度数のことです。発行可能株式総数が8000株であれば，その数以上に発行することはできません。

　例えば，その会社の発行済みの株式数が3000株だとすれば，今後，新株を発行する際は，あと5000株までしか発行することができないという意味です。

　発行済株式の総数が7500株のとき，500株を超えて新株を発行したい場合には，株主総会の特別決議で定款を変更し，発行可能株式総数を拡大することになりますが，新株の発行が取締役会の権限とされている公開会社では発行済株式の総数の4倍までしか拡大することができません。非公開会社では制限がないため，10倍にも100倍にも拡大することができます。

　なお，発行可能「種類」株式総数は，その種類株式の独自の発行限度数のことであり，発行可能株式総数の一部ではありません。発行可能種類株式数の合計と発行可能株式総数とは一致する必要はありません。

【実務Q＆A】

Q　発行可能株式総数のことを「授権資本」とか「授権枠（あるいは授権株式数）」という人がいますが，なぜ，こういう表現がなされるのですか。

A　新株の発行（増資）は，既存株主の持株比率にも影響する行為ですから，本来であれば株主総会が決定すべき事項ですが，資金調達の機動性を重視し，昭和25年の商法改正で，増資の権限を取締役会に「授権」しました。ただ，無制限に授権するわけにもいかないため新株の発行数の限度を発行済株式の総数の3倍まで（会社の発行限度は4倍）にしました。これで授権資本とか授権枠というようになりました。会社法では，非公開会社の増資は株主総会の権限とされましたので，授権枠という用語を用いることが減少しましたが，現在でも公開会社の増資は，いわゆる有利発行を除いて取締役会の権限とされていますので，授権枠という用語を用いることがあります。

第21話　株式の併合と分割

1．株式の併合と分割

　1株を0.3株に分割するには，どういう手続が必要だと思いますか。

　一瞬お迷いでしょうが，これは質問が悪いためです。株式の分割というのは，株数を「増加」する株式の細分化のことです。これに対して，株式の併合が株数を「減少」する株式の統合のことです。1株を0.3株にするのは，株数の減少ですから，株式の併合ということになります。

　3.3株を1株に併合することができるかという質問をいただいたこともありますが，何の問題もありません。33株を10株に併合するのと同じです。3.33株を2.2株に併合するのは，333株を220株に併合することです。

　手続に関して，10株を1株に併合する場合でいうと，この併合で，10株未満のみを所有する株主は，株主でなくなり株主の権利に多大な影響がありますから（単元株式数を定めている場合は「1単元数×併合割合」で1株未満の端数が生じる場合に限る），吸収合併等の組織再編並みの複雑な手続（事前開示・差止請求・反対株主の買取請求等）が必要であり（182条の2以下），株主総会の決議も特別決議が必要で（180条2項・309条2項4号），株券を発行済みであれば全部の株券を提出せよという株券提出公告等の手続も必要です（219条1項2号）。旧株券を提出させ，新株券と引き換えるためです。旧株券は新株券引換証券に変わります。

　1株を10株に分割する場合は，株主に不利益はありませんし，1.1株に分割するような場合には1株未満の端数が生じるといっても，株主でなくなる事態は生じませんので，取締役会の決議で可能です（183条2項）。株券を発行済みであっても，株券を提出せよという手続は必要ありません。

　ここで，なぜ株式分割では旧1株券を回収し，10株分の新株券と引き換えしないのかという疑問を持たれた方も多いことでしょう。実は，株式の分割の法律構成は，株式の追加発行とされています。すなわち，1株に対し9株を新規

に交付するものです（この9株を割り当てられる株主を確定するため，株式分割では基準日を定める必要があります）。旧1株はそのまま株主が持っていればよく，株券を回収する必要がないのです。10株を1株に併合する場合は，併合比率が10：1で，1株を10株に分割する場合は，分割比率が1：10だという表現をすることがよくありますが，会社法の条文では「分割の割合」ではなく，「増加する株式数の割合」と規定されています。すなわち，株式の併合に関する会社法第180条第2項には「併合の割合」とあるのに対し，株式の分割に関する第183条第2項では，「株式の分割により増加する株式の総数の株式の分割前の発行済株式（略）の総数に対する割合」となっています。

　発行済株式の総数が200株の会社で，1株を10株にする株式の分割を決議する際の取締役会議事録は，次のようになります。

（株式分割の決議）

第○号議案　株式分割の件
　議長は，表題の件につき，基準日を平成○年○月○日として，次のとおり諮ったところ，出席取締役全員一致により承認可決した。
記

1．株式分割前の当社発行済株式総数　　200株
2．今回の分割により増加する株式数　　1800株
3．株式分割後の当社発行済株式総数　　2000株
4．株式分割後の発行可能株式総数　　　8000株
　　（会社法184条2項により，定款第○条を「当会社の発行可能株式総数は，8000株とする。」に変更する）。
5．以上の効力発生日　　　　　　　　　平成○年○月○日

2．発行可能株式総数との関係

　発行済株式の総数が1000株，発行可能株式総数が4000株だったとして，2株を1株に併合すると，発行済株式の総数が500株となり，その4倍は2000株であり，発行可能株式総数は発行済株式の総数の4倍が上限であるとする公開会

社の規制に反してしまいます。これにつき旧商法時代は同率で発行可能株式総数も減少すると解釈されていましたが，現在の会社法は，わざわざ定款の変更を独立に決議する必要まではないが，株式の併合の決議の際に発行可能株式総数の減少も決議することになっています。同率の減少である必要はありません。

次に，発行済株式の総数が1000株，発行可能株式総数が4000株だったとして，1株を5株に分割すると，発行済株式の総数が5000株となり，発行可能株式総数違反になってしまいます。しかし，株式の分割は株主を平等に扱うものであり，株主に不利益を与えませんから，同時に取締役会決議で定款変更事項である発行可能株式総数を拡大することができます。同率の拡大に限らず，同率の拡大の範囲内とされています。

▲会社法第180条（株式の併合）2項

株式会社は，株式の併合をしようとするときは，その都度，株主総会の決議によって，次に掲げる事項を定めなければならない。

一　併合の割合

二　株式の併合がその効力を生ずる日（「効力発生日」という。）

三　株式会社が種類株式発行会社である場合には，併合する株式の種類

四　<u>効力発生日における発行可能株式総数</u>

▲会社法第184条第2項

株式会社（現に2以上の種類の株式を発行しているものを除く。）は，第466条の規定にかかわらず，株主総会の決議によらないで，前条第2項第2号の日における発行可能株式総数をその日の前日の発行可能株式総数に同項第1号の割合を乗じて得た数の範囲内で増加する定款の変更をすることができる。

【実務Q＆A】

Q1　会社法は，「株式<u>を</u>併合する」「株式<u>を</u>分割する」ではなく，「株式<u>の</u>併合をする」「株式<u>の</u>分割をする」と日本語らしくない表現をするのですか。

A1　そういう「気づき」が法律の勉強には重要です。「株式の併合」「株式の分割」で1単語（熟語）と考えてください。「定款を変更する」も「定款

の変更をする」といいますので，会社法条文にはよくあることです。イギリスに行ったら英語を，フランスに行ったらフランス語を，会社法の世界に行ったら会社法語を自在に扱えるようにいたしましょう。

Q2 1.1株を1株に併合したり，逆に1株を1.1株に分割すると，株主によっては小数点以下の端数が生じますが，この**端数処理**はどうするのですか。

A2 株主全員の端数の合計が例えば9.9株になったとします。この小数点以下の合計の0.9株は株式とはいえず切り捨てられ，残りの9株につき市場価格があれば市場で，市場価格がなければ裁判所の許可を得て会社によって任意売却処分され，その売却代金が端数を生じた人に分配されます（235条）。したがって，市場価格のない中小企業では，端数が生じないよう事前の調整が望まれます（全株主の持株数を11株の倍数や10株の倍数にするなど）。

Q3 株式の分割は株主の持分比率に影響がないのに，上場会社が株式分割を発表すると株価が上がるようですが，これはなぜですか。

A3 1株当たりの単価が下がり，株式を購入しやすくなり，購入する人が増えるからです（株式の流動性が高まるからです）。また，株式分割は成長途上の会社しかいたしません。会社にとっては株式の管理コストが高まるだけだからです。総会招集通知の発送先も増えてしまいます。したがって，大幅な株式分割は，成長中の証であり，投資家からは歓迎されます。

Q4 上場会社全てにつき1単元100株に統一するようですが，どういう手続になりますか。

A4 単元株式数とは1単元株式数を議決権1個とする制度ですが，単元株式数を定めていなかった会社は，「1単元100株，1株を100株に分割」し，1単元1000株だった会社は「1単元100株，10株を1株に併合」し，株主の議決権に影響がないようにします。

第22話　株式併合とキャッシュ・アウト

　キャッシュ・アウトとは簡単にいえば，少数株主に現金を交付し追い出すことです。未公開の中小企業では内紛問題に発展し，実行が困難ですが，上場会社では，株式公開買付け（TOB）により株式を大量に買い集め（例えば90％以上），上場を廃止した後に，株式公開買付けに応じずに残された少数株主多数をキャッシュ・アウトすることがしばしば行われています。株主を1名にし，非公開化し，機動的な会社運営により会社を再建させる方法でもあります。

　従来は既存株式全部を全部取得条項付種類株式に変え，全株を会社が取得すると同時に対価として別の種類の株式を交付する際に，例えば，100万株に1株を交付するなどといった極端な交換比率にして，少数株主全員を1株未満にし，端数処理で現金を交付するようにしてキャッシュ・アウトしていました。

　同じことは，100万株を1株に併合すればできるはずでしたが，当時の株式併合では規定が不備で，株主総会決議の取消しのおそれがあるとされ実行されませんでした。しかし，現在は，株式の併合も組織再編並みの手続に整備され，キャッシュ・アウトとして利用されています。種類株式を利用する必要がないため，全部取得条項付種類株式よりは採用しやすいといえます。

　また，現在では，**特別支配株主の株式等売渡請求制度**（179条以下）が設けられています。対象会社の総株主の議決権の9割以上（定款で加重可）を有する株主（**特別支配株主**）が，対象会社の承認は必要ですが，その株主総会決議を経ることなく，直接に他の株主及び新株予約権者に売渡請求し，その権利を取得するものです。この請求権は形成権ですから強制的に売買契約が成立します。株主自ら当事者になる点に大きな特徴があります。

　この新制度では，特別支配株主が個人でもよいことや，株式併合の難点である端数処理の手続を必要としない点で，今後のキャッシュ・アウトの主流になるものと思われます。以上，普段は必要のない知識であり，ここでは，そういう制度があることだけを知っておけば十分です。

第4章 株式と新株予約権 **97**

第23話 株式の分割と無償割当て

　1株を10株に分割することが1株に対して9株を追加発行することであれば，1株に対して9株を無償割当てすることとどこが違うのかと疑問に思う方が少なくありません。それもそのはずで，旧商法時代は同様に考えられていましたが，株式分割の語感（細胞分裂？）からして，1株の普通株式に9株の異種類の株式（配当優先株式など）を交付するのは含むべきではないとの主張があり，会社法では別概念とされました。したがって，株式分割で追加発行される新株は同種類株式に限定されますが，無償割当ての場合は，異種類株式でもかまいません（注：ややこしいことに，会社法第202条の株主への有償割当て（株主割当増資）では，同種類株式に限定されています）。

　また，分割行為と割当行為の差から，自己株式を対象にすることができるか（株式分割は可，無償割当ては不可），追加株式は自己株式でもよいか（株式分割は不可，無償割当ては可），また発行可能株式総数を株主総会決議なくして拡大することができるか，基準日の設定は必須かなどという差があります。

　株式の無償割当ては株主割当増資（202条）の無償版ともいうべきものですが，株式の申込みが不要である点で決定的に相違します。後者は募集株式の発行の1類型ですが，前者は募集によらない株式の発行です。同じことは，新株予約権についても無償割当て（277条以下）と，取締役や従業員を対象とする，いわゆるストックオプションとして無償で割り当てる新株予約権の発行でもいえます。後者は，「募集」新株予約権の発行であり，新株予約権者になろうとする人の申込みと会社の承諾（割当て）が必要だからです。また，従業員等を対象とするストックオプションは無償といっても，職務執行の対価として交付されますから，「金銭の払込みを要しない」という意味の無償であり，対価のない完全な無償とは相違します。

　なお，株式の分割と相違し，株式等の無償割当ては実務では稀です。前者で十分に目的を達せられるからでしょう。

第24話　単元株式制度

　新聞の株式面をみますと，○○会社2000円などとありますから，その会社の株式を2000円で買えるのかと思う方もいらっしゃるかもしれませんが，実際には最低20万円を出さないと購入することができません。理由は，その株式の最低取引単位が100株になっていることが多いからです。

　実は，この取引単位は会社が定款に定める1単元の株式数と一致しています。1単元の株式数は，登記事項であり，登記記録に次のように記録されています。（単元株式数の登記）

単元株式数	１００株	平成○年○月○日設定
		平成○年○月○日登記

　会社法で単元株式数という場合は，「1単元＝議決権1個」として使われています（188条1項）。1単元100株であれば，199株の所有者も議決権は1個であり，100株未満の99株には議決権がありません。

　単元未満の数（1単元100株であれば，1〜99株）でも，1株未満の端数と相違し，正真正銘の株式ですから，証券市場以外で他に譲渡することも可能ですが，議決権だけでなく定款により他の権利も制約されているのが通常であるため（189条参照），買い手をみつけるのは困難です。そこで，会社法は，株主の投下資金の回収を確保するため，会社法第192条第1項で「単元未満株主は，株式会社に対し，自己の有する単元未満株式を買い取ることを請求することができる」と規定しています。財源の規制はありません。この結果は，いうまでもなく自己株式になります。いわば，1単元の数になってはじめて一人前の大人として扱われます。

　1単元の株式数は，1000株以下であり，かつ発行済株式総数の200分の1以下でなければなりません（188条2項，施行規則34条）。数の上限が1000，比率の上限が200分の1という意味です。発行済株式の総数が10万株の場合は，200

分の１が500株ですから，１単元1000株と定めることはできません。

　なお，１株１議決権の会社が１単元100株の会社になるには，取締役会の決議で「①１株を100株に分割し，同時に②発行可能株式総数も100倍にし，③１単元100株」と定めます。この②と③は定款の変更になりますが，株主に不利益ではないため，取締役会の決議だけで可能です。会社法第184条第２項と第191条に規定されていますので，ご確認ください。

【実務Q＆A】

Q1　端株，端数株，単元未満株式の相違を教えてください。

A1　端数株というのは，１株未満の端数の株式のことですが（234条参照），株式というべきではありません。これに対して，単元未満株式は，議決権は行使することができないとはいえ，１株，２株，３株と整数で数えられるりっぱな株式です。

　さて，平成13年10月の改正商法の施行で無額面株式に一本化されましたが，それまでは額面株式が主流でした。昭和25年改正商法施行までに設立した株式会社の主流は額面50円，昭和56年改正商法施行までに設立した株式会社は額面500円，それ以降が額面５万円でした。

　額面５万円の100分の１は，額面500円の価値があるため，額面５万円株式の小数点以下第２位までの１株未満を端株といい，それなりの権利を認められていましたが，現在は廃止されています。現在でも，１株未満の端数を端株ということがありますが，正しい用語ではありません。

Q2　１単元の株式数は，1000株以下かつ発行済株式総数の200分の１以下でなければならないという根拠はQ１に関係していると聞きましたが。

A2　額面５万円が１株の時代には，額面50円株式が1000株で一人前です。また，昔は最低資本金が1000万円であり，額面５万円なら200株でした。したがって，１単元株式の規制は額面５万株式時代の名残りです。

第25話　譲渡制限株式

　株主は，出資の履行後は，会社の債務につき個人責任を負わないため（104条），会社財産は会社債権者の最後の拠り所（共同担保）となります。その結果，株主の投下資本の回収は，会社からの払戻しではなく，会社財産に影響のないように，専ら株式譲渡という形をとらざるを得ません。

　投下資本の早期の回収のため，株主には株式譲渡の自由が保障されていますが（**株式譲渡自由の原則**，127条），圧倒的多数の中堅・中小規模の株式会社にあっては，株式が会社の好まない者（総会荒らし，暴力団，ライバル会社，面識のない者など）に譲渡されることは，是非とも避けたいことですし，同時に誰が筆頭株主で，誰が第2位かという持株比率の維持も重要です。

　旧商法もこのニーズを受け入れ，古く（昭和41年改正）から，定款で株式の譲渡につき会社の承認を要すると定めることを認めており，現状では，上場会社を除き，わが国の株式会社のほとんどが，定款に「当会社の株式を譲渡（により取得）するには，取締役会の承認を受けなければならない」などと定めています。譲渡自体を禁止することはできません。

　旧商法時代には，このような定款の定めを置く会社を「譲渡制限会社」と呼び，この定款の定めは会社の性格を表すものと解釈されていましたが，会社法では，株式の譲渡制限の存在を株式の内容の1つとし（107条・108条参照），株式の譲渡（による取得）につき，会社の承認を要するという内容をもった株式を「**譲渡制限株式**」と名づけました（2条17号）。株式譲渡の承認機関は，取締役会のある会社では取締役会，取締役会のない会社では株主総会が原則とされています（139条1項）。そして，譲渡制限株式だけを発行する会社を非公開会社ということは，説明済みです。

　さて，会社法第2条第17号による定義によると，譲渡制限株式とは，株式会社がその発行する全部又は一部の株式の内容として譲渡による当該株式の取得について当該株式会社の承認を要する旨の定めを設けている場合における当該

株式をいうとされていますが、前段の「株式会社がその発行する全部又は一部の」は株式の内容とは無関係であるため、単に「株式の内容として譲渡による当該株式の取得について当該株式会社の承認を要する旨の定めを設けている場合における当該株式」と理解してください。

ちなみに、「その発行する全部又は一部の株式の内容」の「全部」は単一種類の株式のみを発行している会社（これが通常です）の全株式又は複数種類の株式を発行している会社（**種類株式発行会社**、2条13号）の全種類の株式のことであり、「一部」とは種類株式発行会社の複数の株式のうち一部の種類の株式という意味です。単一種類の株式のみを発行している会社の一部の株式ということはあり得ません。株式の内容が異なれば、それで異種類となり、種類株式発行会社になってしまうからです。

ところで、譲渡自体の制限か、譲渡による取得の制限かについては、譲渡側からみたか、取得側からみたかの差でしかありません。定款で、「外国人の株主が譲渡するには会社の承認を要する」と定めたとしたら、株主平等原則に反します。「外国人に株式を譲渡するには会社の承認を要する」であれば、まだ株主になっていない譲渡先（取得者）を制限しただけですから合法です。このように、譲渡制限あるいは取得制限の意味は、譲渡先（取得者）を制限するもので、株式が会社の好まない者に譲渡されることを避けるのが主目的です。

【実務Q＆A】

Q1 譲渡制限株式に関する登記は、その譲渡制限株式が会社法第108条の種類株式であるかどうかを問わず、登記記録の「株式の譲渡制限に関する規定」という項目に登記されると聞きましたが、事実ですか。

A1 事実です。登記に関する会社法第911条第3項第7号によると、会社法第107条の内容は「発行する株式の内容」の項目に、会社法第108条の種類株式であれば「発行可能種類株式総数及び発行する各種類の株式の内容」の項目に記載することになっていますが、譲渡制限株式は公開会社かどうかの基準として重要であること、また旧商法時代からの登記記録の記載をそのまま活かし

たい関係からか，登記の基本通達によって，特別に「株式の譲渡制限に関する規定」の項目に記載することになっています。

（譲渡制限の登記記録）

株式の譲渡制限に関する規定	当会社の株式を譲渡により取得するには，取締役会の承認を要する。

Q2 知り合いの会社では，定款には譲渡制限が定められているのですが，登記記録には記載されていません。こんなことがあるのでしょうか。

A2 おそらく，その会社は昭和41年商法改正以前から存在する昭和30年代設立の同族会社でしょう。当時は，譲渡制限を定められなかったのです。その後，昭和41年以降に市販の定款をもとに自社の定款にしたものと推測します。

旧商法時代は，公開会社か非公開会社かによって株式譲渡以外の面では大きな差がなかったため，これでよかったのですが，現在は，取締役の任期を10年まで延長することができるかなどの差がありますので，登記上も非公開会社にしておくことをお勧めします。

Q3 次のように定款で定めた場合，どこまで登記する必要がありますか。

①当会社の株式を譲渡により取得するには，当会社の承認を受けなければならない。

②株主に譲渡する場合は承認があったものとみなす。

③第1項の承認機関は，株主総会とする。

④前項にもかかわらず，当会社の取締役又は監査役に譲渡する場合は取締役会の承認で妨げない。

A3 ②までです。会社法第107条第2項第1号に，譲渡制限株式の内容として「イ．当該株式を譲渡により取得することについて当該株式会社の承認を要する旨，ロ．一定の場合においては株式会社が第136条（株主からの承認の請求）又は第137条（株式取得者からの承認の請求）第1項の承認をしたものとみなすときは，その旨及び当該一定の場合」とありますから，承認機関を含

め③以下は株式の内容に含まれません。

Q4 上記・会社法第107条第2項第1号ロの「承認したものとみなす」とは，どういう意味ですか。承認が不要という意味ですか。

A4 そのように理解して差し支えありません。株主間の譲渡は承認不要，取締役に譲渡するときは承認不要などと定めたいときに「承認したとみなす」と定めることになります。ちなみに，株主間の譲渡の自由を認める有限会社の登記記録では，「株式の譲渡制限に関する規定」として「当会社の株式を譲渡により取得することについて当会社の承認を要する。当会社の株主が当会社の株式を譲渡により取得する場合においては当会社が承認したものとみなす。」と記録されています。

Q5 「当会社の発行する株式は全て譲渡制限株式とする」や「当会社の株式を譲渡又は取得するには取締役会の承認を受けなければならない」などといった定款の定めも有効ですか。

A5 いずれも有効で登記実例もあります。一時「譲渡又は取得」では相続による取得も入ると問題視されたこともありますが，会社法第137条自体が同じような表現であるため，現在は問題ないとされています。

Q6 上場会社の開示で「譲渡制限付株式」を発行するというものがありましたが，譲渡制限株式とは違うのですか。

A6 全く違います。譲渡制限付株式という紛らわしい表現は適当ではなく，私は譲渡制限契約条項付株式というべきだと思っています。これは上場会社などで，役員の退職金の代わりに自己株式等を交付するが，一定期間は譲渡してはいけないと契約しておくものであり，交付する株式は非譲渡制限株式です。なお，この譲渡制限付株式を，リストリクテッド・ストックともいいます（注：リストリクテッドとは「制限付」の意味）。契約上の制限ですから，契約当事者間しか拘束しません。

第26話	種類株式とその歴史

（注）種類株式を発行する会社はベンチャー企業など一部の会社に限られていますので，第26話から第28話までは読み飛ばしてもよいでしょう。

1．株式の内容（株主権）

　株式は企業に対する共同所有権が変化したものであり，所有権に使用・収益・処分の権能があるのと同じく，株式にも議決権を中心とする共益権，剰余金の配当を中心とする自益権のほか，株式を処分する権利があると説明してまいりました。株主権という場合は会社と株主との関係による共益権と自益権を指しますが，私は処分権も含めるべきだと主張していることも説明済みです。

　この共益権，自益権，処分権の内容（株式の内容）に少しでも差があると，異種類の株式になります。会社法第108条によると，種類株式には，次のようなものがあります。ただし，実際の種類株式は，次の内容を複数含んでおり，単純な内容ではありません。

（会社法108条1項各号の種類株式）

一．自益権関連

　①**配当優先株式**，普通株式，配当劣後株式などといい，剰余金の配当につき，優先権付かどうかの株式の種類（1号）。

　②残余財産の分配につき，優先権付かどうかの株式の種類（2号）。

二．共益権関連

　①**議決権制限株式**などといい，株主総会の議題につき，議決権行使が制限される株式（3号）。

　②**拒否権条項付株式**。株主総会や取締役会等の決議に「否（ノー）といえる権利をもった種類株式，**黄金株**ともいう（8号）。

　③種類株主総会で役員を選・解任することのできる種類株式（9号）。非公開会社に限られる。

三．処分権関連

①**譲渡制限株式**。譲渡先につき，会社の承認を要する株式（4号）。

②**取得請求権付株式**。会社に取得せよという権利の付いた株式（5号）。

③**取得条項付株式**。一定の事由が発生すると，会社から強制的に取得することのできる株式（6号）。

④**全部取得条項付種類株式**。株主総会決議で会社が全部を取得できる種類株式（7号）

2．種類株式の歴史

　歴史的にみると古くから存在するのが配当優先株式，残余財産分配優先株式など，上記の1号と2号であり，この権利のない標準的な株式を普通株式と呼んでいました。

　転機になったのは平成13年10月施行の改正商法でした。この改正は金庫株改正法といわれるくらい，自己株式が全面的に解禁された画期的な改正でした。額面株式が廃止され，無額面株式に一本化されました。この額面株式，無額面株式は株主権の差の問題ではないため，株式の内容に属しません。

　この改正で，自己株式の保有が解禁された結果，自己株式には議決権がないため，株式数と議決権数を区別する必要が生じ，それまでは，株主総会議事録に「議決権○○株」と記載することで十分だったのに，「議決権○○個」と記載するようになりました。議決権に独自の地位が見出されたためか，平成14年4月施行の改正商法で，議決権制限株式と議決結果を制限する拒否権条項付株式が認められました。上記の3号と8号です。また，平成15年4月施行の改正商法で合弁会社を意識して役員選解任権付株式が譲渡制限会社（会社法でいう非公開会社）に限定して認められました。上記の9号です。この平成13年から平成15年は，議決権に独立の地位が与えられた時代といってもよいでしょう。

　その当時から，今でいう譲渡制限株式がありましたが，それは会社の性格を表すものだという解釈でした。また，配当優先株式から普通株式に転換できる株主の権利や強制転換させる会社の権利など，転換権付の株式が認められてい

ましたが，株式の内容とは構成されていませんでした。

　平成18年５月施行の会社法は，これらの譲渡権や株式の転換権を整理し，株式の内容に編成いたしました。転換予約権付株式等も，AがBに転換（変身）するもの（原則として発行済株式の総数は変わらない）ではなく，Aは会社が「取得」し，その見返りに会社がBを交付（新株の発行又は自己株式の交付）する交換型に構成（発行済株式の総数が増加する）しただけでなく，Bは株式に限定されず，金銭や新株予約権等でもよいことになりました。一種の対価の柔軟化です。これが上記の５号，６号及び７号ですが，転換ではなく，会社に取得せよと株主が請求して，あるいは会社が強制的に取得して自己株式になるものと構成されました。取得の主語は会社です。

　なお，この譲渡制限株式，取得請求権付株式，取得条項付株式は，全部の株式にこれを定め，異種類の株式を認めないこともできます。言い換えれば，種類株式発行会社でなくとも，株式にこの内容を定めることができます。これが会社法第107条であり，同条は単一種類の株式しか発行しない会社についての規律です。

　最後になりましたが，上記の７号だけが会社法によって考案された新型の種類株式といっても差し支えありません。これはもともと債務超過になった会社の再建に資するように，株式全部を会社が株主総会の決議によって強制取得することができるようにしようとしたところ，いくら価値がないとはいえ，財産権を多数決で奪うのは行き過ぎだということになり，種類株式であれば，そのような内容を持った株式ということになるから，これを種類株式として認めたものです。そのため，全部取得条項付「種類株式」と，この株式の種類だけ「種類株式」という名がついています。このような趣旨で考案された株式ですが，会社法が債務超過を要件にしていないため，上場会社の株式の非上場化後の少数株主排除策として利用されていましたが，現在では，特別支配株主の株式等売渡請求制度（179条以下）や株式の併合がその方法としてより有益な手段になったため，役割を終えたというべきでしょう。

第27話　種類株式についての誤解

1．普通株式という用語

　普通株式という用語は多義的です。種類株式発行会社でないのに発行する株式を普通株式ということもありますが，単一種類しか発行しないのであれば，普通か普通でないかを問題にする余地もありませんから，単に「株式」といえば済むことです。ただし，有価証券報告書などで「株式の種類」の記載を求められる場合には，あえて普通株式と書くことが多いようです。

　無額面株式に一本化された平成13年10月以前は，種類株式といえば，利益配当優先株式のことでしたから，この配当優先株式や配当劣後株式を種類株式といい，そうでない株式を普通株式と呼んでいました。このように種類株式発行会社では，最も中心的で基準となる標準的株式を普通株式といい，そうでない株式を種類株式ということが多いようです。

　しかし，会社法では種類株式の定義が会社法第108条第1項で，「次に掲げる事項について異なる定めをした内容の異なる2以上の種類の株式」とされましたので，2以上の種類の株式を定款で発行できるようにした種類株式発行会社の発行する株式は，全て種類株式です。剰余金の配当や議決権あるいは株式の譲渡性について，差があるかどうかが基準であって，これらの定めのないことを基準にしているわけではありません。現に，普通株式という名称でありながら全部取得条項付の内容のものもあります。

　時たま，普通株式のことを「会社法第108条第2項各号に定める事項についての定めを設けない株式」と定義する会社がありますが，それは，その会社がそのように定義しただけであって，現在では，普通株式は単なる呼称に過ぎませんから，配当優先株式を普通株式と名づけ，配当につき何らの定めのない株式をA種種類株式と名づけても差し支えありません。

　以上ですが，とりあえずは，その会社の最も標準的な株式を普通株式ということにしておきましょう。

2．種類株式の名称と異種類の判定

　種類株式につき，議決権制限株式が出回り始めた頃は，「議決権制限・拒否権付配当優先株式」などと株式の内容が分かるような名称を付けたものでしたが，現在は，従来から存在する株式には普通株式という名称を付け，それ以外は甲種種類株式，A種種類株式，第1種種類株式などと内容が不明な名称を付けることが多いようです。これであれば，株式の内容を変更しても，名称をそのままにできますので，便利です。名称は自由に付けられますが，普通株式という名称の種類株式が存在しないと，標準的な株式がどれか不明になりますから，この名称は使用したほうがよいでしょう。

　なお，甲種種類株式の内容が，①配当優先，②取得請求権付，③取得条項付，④議決権制限付で，乙種種類株式の内容が，①配当優先，②議決権制限付だとしても，甲種と乙種は，配当優先と議決権制限付の部分で同種類だという考え方をしてはいけません。全体の内容をみて，甲種と乙種の間で，ほんのちょっとの相違があっても異種類の株式になります。配当額が相違すれば，それだけで異種類になりますし，譲渡制限でも株主間の譲渡も制限するかどうかで異種類，取締役選任議案に議決権が制限される株式と監査役選任議案に議決権が制限される株式も異種類になります。

3．実際の種類株式の内容

　実際の種類株式は，配当優先のみ，議決権制限のみという単純なものは少なく，複合的な内容をもっています。例えば，「当会社の発行するA種優先株式の内容は，次のとおりとする。

　1．剰余金配当条項　（略）

　2．残余財産分配条項　（略）

　3．金銭と引換えの取得請求権条項　（略）

　4．普通株式と引換えの取得請求権条項　（略）

　5．普通株式と引換えの取得条項　（略）

　6．議決権　（略)」などと定款に定めます。

第4章　株式と新株予約権　　*109*

| 第28話 | 種類株主総会の実務 |

1．株主総会と種類株主総会の関係

　種類株式発行会社では会社の意思決定に当たり，常に通常の株主総会と各種類の種類株主総会の要否を考えなければなりません。例えば，普通株式とA種種類株式の2種類を発行する会社においては，常に，①全体の総会が必要か，②普通株主の種類株主総会が必要か，③A種種類株主の種類株主総会が必要かと，その都度，検討する必要があります。言い換えれば，種類株式発行会社は連邦国家であり，種類株式ごとに国があり，全体の株主総会は連邦国家の全体総会のようなものです。

①全体の株主総会	
②普通株主の種類株主総会	③A種種類株主の種類株主総会

2．持株比率維持を目的とした会社法199条4項の種類株主総会

　拒否権条項付株式（黄金株ともいう）でも発行していない限り，種類株主総会が必要となる場面は，会社法第199条第4項（238条4項と795条4項を含む）と第322条です。先に第199条第4項を説明しましょう。

▲会社法第199条第4項（譲渡制限株式の発行・処分の際の種類株主総会）

　種類株式発行会社において，第1項第1号の募集株式の種類が譲渡制限株式であるときは，当該種類の株式に関する募集事項の決定は，当該種類の株式を引き受ける者の募集について当該種類の株式の種類株主を構成員とする種類株主総会の決議を要しない旨の定款の定めがある場合を除き，当該種類株主総会の決議がなければ，その効力を生じない。ただし，当該種類株主総会において議決権を行使することができる種類株主が存しない場合は，この限りでない。

　例えば，譲渡制限株式である普通株式とA種種類株式の2種類を発行する会社において，普通株式を募集する際には，会社法第199条第1項による全体の

株主総会決議と，同第4項による普通株主の種類株主総会決議が必要です。これは，普通株主の内部で持株比率が変更することは既存の普通株主の利害に影響するなどのためです。例えば，いままで普通株主の中で第1位の筆頭株主だったのに，この募集株式の発行で筆頭株主の地位から脱落するとしたら面白いことではありません。募集株式がA種種類株式であれば，同じく全体の株主総会決議と，同第4項によるA種種類株式の種類株主総会決議が必要です。

3．不利益を受ける場合の会社法322条の種類株主総会

会社法第322条第1項の行為がある種類の種類株主に損害を及ぼすおそれがあるときは，当該行為につき，その種類株主総会の決議が必要だとされています。言い換えれば，ある行為によって種類株式相互の間で不平等な取扱いがなされるときは，不利益を受ける種類株主の種類株主総会の承認を受けなければならないということです。その行為とは，①株式の種類の追加，株式の内容の変更，発行可能株式総数又は発行可能種類株式総数の増加の3つの定款変更（1号），②会社法第179条の2第1項の承認（1号の2），③株式の併合・分割・無償割当て，低廉価額での株主割当増資など無償・低廉行為（2号から6号），④組織再編行為（7号から13号）です。

③は，株主割当増資などは種類株式ごとに行うため，例えば，1株価値が1万円なのにA種種類株主に1株1円で割り当てたら，A種種類株主の間では不平等が生じなくとも，他の種類の株主に不利益が生じることがあるためです。

ここで，第三者割当てによる時価発行でも，A種種類株式が配当優先株式であれば，その株数が増えることは，普通株主に不利になるので，普通株主の種類株主総会も必要ではないかと，つい考えてしまいますが，A種種類株式の発行可能種類株式総数の範囲内の発行であれば，普通株主も事前に了解済みということで，その種類株主総会は不要です。

なお，以上のうち，①の定款変更事由の場合を除き，定款で定めることによって，種類株主総会を不要にすることができます。ただし，種類株主全員の同意が得られないと定められません（322条4項）。

第4章　株式と新株予約権　*111*

| 第29話 | 募集株式の募集 |

1．株式の募集とその方法

　第三者割当増資で，会社が先に募集を決議し第三者に割り当てたのに，なぜ，第三者から株式の申込書をもらうのか，申し込んだのは会社の方ではないかなどと思ったことはありませんか。その謎をここで解き明かしましょう。

　さて，株式の募集方法には，公募（一般募集）と第三者割当てと株主割当ての3つの方法があると説かれることが少なくありません。しかし，これは投資家保護を趣旨とする金融商品取引法などで必要な分類であって，会社法で採用する概念ではありません。会社法では，株主を平等に扱う会社法第202条の株主割当てですら，株式の「募集」の1類型とされています。

　会社法でいう募集とは「合計で〇〇株を発行・処分しますので，貴方も株式引受人になりませんか」という「株式引受けの勧誘（お誘い）行為」のことです。生命保険の「募集」と同じく事実行為であって，法律効果を発生させる法律行為ではありません。広く一般人に対して勧誘するのが公募であり，特定の人に「お願いだから出資してよ」と勧誘するのが第三者割当て，株主全員に「株主の皆さん，平等に出資しましょうよ」と勧誘するのが株主割当てです。

　会社法第199条以下が想定する原則的な手続は，次の流れです（以下，非公開の取締役会設置会社で金銭出資による場合を前提にして説明します）。

　①株主総会で株式引受人の募集を決議する（199条）。

　②募集に応じて株式申込人が現れる（203条）。

　③取締役会の決議で株式申込人に株式を割り当てる（204条）。

　④割り当てられた株式につき株式申込人は株式引受人になる（206条）。

　⑤株式引受人は引き受けた株式につき払い込む（208条）。

　⑥払込期日に株式引受人は株主になる（209条）。

　例外として株主割当ての場合は，株主に「株式の割当てを受ける権利」を付与して募集を決議するため，上記の③は不要であり，株主が申し込めば（株主

が権利行使すれば），それで株式の引受けが完成します（この申込みは契約の一要素ではなく単独行為です）。

また，株主割当ての場合は株主を持分比率に応じて平等に扱うため，いわゆる有利発行（時価より著しく安く発行すること）の問題が生じません。こうして，投資家保護ではなく株主保護を中心とする会社法では，株主割当てと株主割当て以外の2つの区別しかしていないわけです。

2. 募集株式数と申込みの数

1万株を募集したのに6000株しか申込みがなかったという事態も当然に生じますが，この1万株は募集の上限数あるいは予定数に過ぎないため，何の問題もありません。時たま，1万株を募集する際に，それに達しない場合に備えて「ただし，申込みがない場合は，申し込まれた数とする」と念のために決議する例もありますが，申込みがなければ募集の効果も生じないため，無意味な内容です。

なお，株主総会において1株1万円以上で1万株までなどと「募集株式の数の上限と払込金額の下限」を決議し，個々の募集事項の決定を取締役会に委任することができます（200条）。この委任は1年間有効ですから（同条3項），この方法を採用すれば，6000株しか申込みがなかった場合でも，残りの4000株につき，取締役会決議だけで何度でも募集することができます。

3. 募集と割当て

非公開会社の取締役会設置会社が株主総会で「Aに割り当てる」と決議した場合を一般に第三者割当てといいますが，割当ての権限は取締役会にあるため（204条），株主総会での決議は「Aさんだけに出資を勧誘しよう」という募集決議であって，法律上の「割当て」とはいえません。「割当てもどき」です。

4. 事前割当てと申込み

非公開会社の株式の募集手続は，「①株主総会での募集決議→②出資希望者

が申込み→③取締役会で割当決議」という順序が会社法の想定するところですが，株主総会を招集するための取締役会において，③の割当てを事前に決議することも不可能ではありません。例えば，支援者のAさんが5000万円を出資してくれるというので，Aさんを対象に株式を募集する場合には，事前に「Aさんに1株5万円で1000株を割り当てる」などと取締役会で決議して臨時株主総会を招集することもあります。

　この際に，「Aさんから申込みがあることを条件とする」と条件付で定めないと，この決議には瑕疵があるとの勘違い意見が少なくありません。

　しかし，これは完全な間違いです。例えば，契約は「申込み」と「承諾（本件では割当て）」の2つで成り立ちますが，事前に承諾（割当て）したからといって，申込みがなければ契約が成立しないのですから，申込みがあることを条件とする意味もありません。

　また，条件（や期限）は法律行為の附款といって，成立した契約などの法律行為に付されて，法律効果の発生や消滅という効果をもたらせるものです。契約が成立していないのに，条件などあり得ません。「申込みがなければ契約は成立しない」という当然のことを「申込みがあること」の方向から裏から言い換えただけの無意味な内容に過ぎません。

5．株式の引受けと払込み

　株式の申込みと割当てにより申込人と会社の意思が合致すると株式引受契約が成立し，申込人は株式引受人になります。あとは金銭であれば払込みを済ませ，払込期日（払込期間であれば払込日）に株主になります（209条1項）。

　金銭の出資の履行は，「株式会社が定めた銀行等の払込みの取扱いの場所において，それぞれの募集株式の払込金額の全額を払い込まなければならない」とされていますが（208条1項），銀行等が払込みの取扱いの機関とされているわけではなく，単に「取扱いの場所」とされているだけですから，株式発行会社の預金口座に振り込むだけで足ります。その通帳の写しを登記の添付書面として使うのが一般的な方法です。

【実務Q&A】

Q1 上記の話だと，非公開の取締役会設置会社では，第三者に100株割り当てると株主総会で決議しても，その後の取締役会で70株しか割り当てないことも可能ですか。

A1 割当権限は取締役会にあり，株式申込人はまだ株主ではなく株主平等原則は発動せず，割当自由の原則に基づき，可能です。ただし，事前に第三者と合意したことの合意違反になるかどうかは別問題です。

Q2 割当ての決定につき規定する会社法第204条第2項に「募集株式が譲渡制限株式である場合には，前項の規定による決定は，株主総会（取締役会設置会社にあっては，取締役会）の決議によらなければならない」とあるだけで，募集株式が非譲渡制限株式である場合につき，何も規定していません。この場合の割当機関はどこになりますか。

A2 代表取締役です。なお，募集株式が非譲渡制限株式である場合とは，公開会社の株式の募集になりますから，募集決議も株主総会ではなく取締役会になります（201条）。

Q3 会社法第204条第3項に「払込期日の前日までに，申込者に対し，当該申込者に割り当てる募集株式の数を通知しなければならない」とあり，1日では増資が完了できないといわれていますが，申込みの事前に割当てを決議し，それを通知しておけば，申込みが払込期日の当日になされたとしても問題がなく，1日で増資を完了することができると思いますが，いかがですか。

A3 払込期日の前日までに申込者が存在し，この割当ての通知によって株式引受契約が成立するという前提でしょうから，申込み自体も払込期日の前日までになされていないと，本規定に反すると考えます。別の面からいえば，この割当ての通知は，「申込予定者」にしたもので，本規定でいう「申込者」にしたものとは評価されません。もっとも，申込者が1日の利益を放棄したという解釈をする余地はあってもよさそうです。

第4章 株式と新株予約権 115

第30話 募集株式の総数引受け

1. 総数引受けとは

社債等の発行で「総額引受け」という言葉を聞いたことがあるでしょうが，その株式版を総数引受けといいます。募集株式数が1万株であれば，その1万株全部を特定人が契約で引き受ける場合です。

株式の募集手続は，「①募集決議→②申込み→③割当て（会社の承諾）→④引受け→⑤払込み（又は現物給付）」というものでしたが，募集株式数の全部を対象に，この②と③を1つの契約にすると，申込みの手続も割当ての手続も不要になります。会社法第205条第1項に「前2条の規定（注：申込みと割当ての規定）は，募集株式を引き受けようとする者がその総数の引受けを行う契約を締結する場合には，適用しない」とあるとおりですが，これが総数引受けです。

ただし，譲渡制限株式を発行する場合の会社の好まない者の参加を阻止するための割当て決議が省略されるのは困りますから，同第2項には「株主総会（取締役会設置会社にあっては，取締役会）の決議によって，同項の契約の承認を受けなければならない。ただし，定款に別段の定めがある場合は，この限りでない」と規定されています。

引き受ける特定人は1人とは限りませんし，契約書も1枚とは限りません。Aが5000株，Bが3000株，Cが2000株で1万株全部を引き受ける場合も，ABC間に，皆で一緒に同時に全部を引き受けようという意思があれば（例えば，「他の株式引受人ともども，総数を引き受ける意思で本総数引受契約を締結する」などと各契約にあれば），3枚の契約書でも差し支えありません。

なお，上場会社の公募では幹事証券会社が総数引受けしますが，「買取引受け」などということもあります。証券会社が最初の株主になって，公募価格で一般投資家に転売するわけです。この点で，公募とはいっても，幹事証券に対する第三者割当て的な方式を採用しています。転売益が証券会社の引受手数料となり，会社自身が手数料を負担するわけではありません。

2．総数引受けの有利性

　割当方式の場合は，会社法第204条第3項に，払込みの「期日（同号の期間を定めた場合にあっては，その期間の初日）の前日までに，申込者に対し，当該申込者に割り当てる募集株式の数を通知しなければならない」とある関係で，募集決議から払込みまでの一連の手続を1日で済ますことができませんが，非公開会社の総数引受けであれば，この規定の適用がなく，1日で完了することができます（公開会社については201条3項参照）。100％子会社の親会社への募集株式の発行で，私がよく使う方法です（実質は株主割当てですが，形式的な手続につき第三者割当ての総数引受方式を借用して行います）。

【実務Q＆A】

Q1　株主割当てでは総数引受けを利用することができないのですか。

A1　総数引受契約は利用できません。株主割当ての申込みは「割当てを受ける権利」の行使であり単独行為ですから，契約に馴染みません。

....

Q2　100％子会社の親会社への募集株式の発行でも，総数引受けを利用することができる理由を説明してください。

A2　株主割当てというのは，割当てを受ける権利を付与して行うものであって，仮に単独株主である親会社に割り当てる場合であっても，割当てを受ける権利を付与しなければ，株主割当てにはなりません。第三者割当ての方法で親会社に株式を発行することも，縁故募集で募集株式の発行を決議し，たまたま親会社だけが申し込んできたという形をとることも違法ではありません。

....

Q3　ベンチャーキャピタルがベンチャー企業に出資する際に，投資契約を締結することが多いようですが，これも総数引受契約になりますか。

A3　契約書の表題は投資契約でも，総数引受けの要件を満たせば，登記にも利用することができます。ただ，投資契約は長文ですので，新たに簡単な総数引受契約を締結するほうが容易です。

第4章　株式と新株予約権　*117*

第31話　募集新株予約権の特徴

　新株予約権とは，将来，株式を引き受けることのできる権利です。いわゆる潜在株式の1つですが，株式との引換権といったほうが分かりやすいでしょうか。会社法第2条第21号の定義では「株式会社に対して行使することにより当該株式会社の株式の交付を受けることができる権利」ということになります。ここに「株式の交付」とあって，「株式の発行」とないことにご注意ください。「新株」予約権といっても，「自己株式」を交付されることもあるからです。

　新株予約権は，まだ株式ではありませんから，剰余金の配当請求権や株主総会の議決権はなく，権利の内容としては，どのような株式の何株と引き換えられるのか（新株予約権の目的たる株式の種類及び数），引換期間はいつまでか（新株予約権を行使することができる期間），引き換えるにあたり用意する金額（新株予約権の行使に際して出資される財産の価額）はいくらかなどといった内容になります（236条）。

　「募集」新株予約権と「募集によらない」新株予約権の差は，株式の場合と同様に，前者は募集決議が必要なもので，後者はそれを必要とせず，対象者があらかじめ決まっている場合であり，株主に対する新株予約権無償割当てもその1つです（277条参照）。

　募集新株予約権は，募集株式と同様に申込みと割当てによる契約によって交付するものですが，新株予約権の「付与」と使う人もいます。これは，新株予約権の前身である新株引受権が「付与」するものであったために過ぎません。

　新株予約権は，将来，会社が成長して株価が大きく上がった時に行使すれば大金持ちになれると，取締役や従業員の働く意欲を起こさせるため，彼らを対象としたストックオプションとして発行する例が多かったのですが，最近は，役員退職金の代わりに新株予約権を交付したり（この場合は役員報酬決議も必要です），五月雨式に増資する手段として，あるいは乗っ取り防衛策としてオーナー株主や役員に発行したりと，利用方法はさまざまです。

取締役や従業員に対するストックオプションとしての発行は，将来の職務執行の対価として割り当てるわけですから，対象者は「（金銭の）払込みを要しない」と定めても，実質的には有償であり，決して対価なしの無償というわけではありません。

　なお，募集株式の場合は，引き受けた株式に対して払い込むことによって，原則として払込期日に株主になりますが（208条），募集新株予約権は有償で発行したときであっても，割当日に新株予約権者になります（245条）。また，企業所有権の変形である株式と相違し，債権的権利ですから，行使期間が満了したり，権利行使しないことが確定すると，権利が消滅いたします（287条）。

　最後に，新株予約権の簡単な例をご紹介しますが，新株予約権は何個と数えます。下記の例では，１個50株であり，１個行使すると普通株式50株が交付されます。

（新株予約権の簡単な例）

第１回新株予約権

新株予約権の数

　100個

新株予約権の目的たる株式の種類及び数又はその算定方法

　普通株式5000株（新株予約権１個につき50株）

募集新株予約権の払込金額若しくはその算定方法又は払込を要しないとする旨

　払込みを要しない

新株予約権の行使に際して出資される財産の価額又はその算定方法

　１個につき100万円

新株予約権を行使することができる期間

　平成○年○月○日まで

新株予約権の行使の条件　　（略）

会社が新株予約権を取得することができる事由及び取得の条件　　（略）

第4章　株式と新株予約権　*119*

| 第32話 | 金銭以外の出資（現物出資） |

　新株式の発行や新株予約権の行使の際には，金銭で出資することがほとんどですが，金銭以外で出資することも可能です。これを現物出資といいます。

　会社法で「払込み」とあったら金銭出資で，「給付」とあったら現物出資のことです（199条1項4号には「募集株式と引換えにする金銭の払込み又は前号の財産の給付の期日又はその期間」とあります）。米ドルなど外国通貨での出資は金銭出資の1つです。

　現物出資の場合，例えば，金1億円の出資にあたり土地を出資する場合には，ほんとにその土地に1億円の価値があるかが問題になりますから，原則として裁判所に検査役の選任を申し立て，そのお墨付きをもらわなければなりませんが，会社法第207条第9項（新株予約権は第284条第9項，設立の場合は第33条参照）第1号から第5号の場合は例外とされ，この例外規定を利用することがほとんどのため，現実に検査役の選任を申し立てるケースは稀です。

　すなわち，出資額が小規模（発行済株式の総数の10分の1以下）又は少額（金500万円以下）の場合（1号と2号）は何らの証明も必要とせず，市場価格のある有価証券の場合（3号），弁護士や税理士等の証明（不動産の場合は不動産鑑定士の鑑定評価付）があった場合（4号），会社の金銭債務の場合（5号）には，所定の証明で足ります。5号は，会社に対する金銭債権（会社からは金銭債務）を出資に振り替えるものですから，デット・エクイティ・スワップ（DES，デットは債務，エクイティは株式，スワップは交換）のことです。

　上記の1号から5号までは，1つでも該当すればよく，例えば金500万円のDESや上場株式であっても，2号の少額特例を適用してかまいません。

　なお，新株予約権の行使の場合は，新株予約権1個当たりでの判定となりますから，ほとんど全ての場合に小規模・少額特例（1号か2号）に該当し，検査役の調査が問題となることはないでしょう。もっとも，新株予約権の行使で現物が出資されるのは，社債の出資となる新株予約権付社債くらいしかありま

せん。この新株予約権付社債については「社債付新株予約権」と捉えると理解が早いでしょう。

【実務Q＆A】

Q1 現物出資の対象となる財産には制限がありますか。

A1 貸借対照表の資産の部に計上することができる財産であれば何でもよいといわれています。

....

Q2 会社法第246条によると，新株予約権の場合は会社に対する債権で相殺も認められていますから，出資の履行でも可能ではないでしょうか。

A2 会社法第246条は新株予約権自体が有償で発行された場合であり，出資金が会社の資本勘定（資本金や資本準備金など）になる場面ではありません。後者の場合は，会社の資本を充実させるため，現実の出資の履行が必要であり，相殺などは認められません。

....

Q3 現物出資の事例ではDESが一番多いのですか。

A3 オーナー会社では，オーナー社長が個人資金を会社に貸し付けている例が多く，上場会社の子会社では親会社が子会社に貸し付けている例が多く，会社の財産状態が悪くなった場合に，この貸付金を資本に振り替えることが多いといえます。なお，債務超過会社へのDESにつき，その価値がないのに，そのまま債権額で出資することができるのかという税務上の問題がありますので，税理士等の専門家の関与が必要です。

....

Q4 金銭出資と現物出資を併用させることは可能ですか。

A4 もちろん可能ですし，現実にはそういうケースのほうが多いでしょう。出資者Aが金銭出資で，Bが現物出資という場合だけでなく，出資者の1人が金銭と現物を出資するという場合もあります。

第4章 株式と新株予約権 *121*

第33話 出資と資本金

　募集で新株式が発行された場合や募集による新株予約権の行使があり新株式が発行された場合は，その半額以上を資本金に計上し，残りを資本準備金に計上しなければなりません（445条1項・2項）。会社法第199条第1項に「その発行する株式又はその処分する自己株式を引き受ける者の募集をしようとするときは」とあるとおり，「発行」とあったら，「新規発行」のことで，新株式に限ることにご注意ください。自己株式であれば「処分」という用語を用います。

▲会社法第199条（募集事項の決定）第1項第5号

　株式を発行するときは，増加する資本金及び資本準備金に関する事項

▲会社法第236条（新株予約権の内容）第1項第5号

　当該新株予約権の行使により株式を発行する場合における増加する資本金及び資本準備金に関する事項

▲会社法第445条（資本金の額及び準備金の額）

　1項：株式会社の資本金の額は，この法律に別段の定めがある場合を除き，設立又は株式の発行に際して株主となる者が当該株式会社に対して払込み又は給付をした財産の額とする。

　2項：前項の払込み又は給付に係る額の2分の1を超えない額は，資本金として計上しないことができる。

　3項：前項の規定により資本金として計上しないこととした額は，資本準備金として計上しなければならない。

　4項：略

　5項：合併，吸収分割，新設分割，株式交換又は株式移転に際して資本金又は準備金として計上すべき額については，法務省令で定める。

　上記からもお分かりのとおり，募集株式の募集でも，自己株式の処分では，資本金・資本準備金は増加いたしません。その自己株式が新株式のときに，そ

の問題は処理済みだからです（自己株式の処分では「その他資本剰余金」という勘定が増減いたします）。

　また，会社法第445条第5項にあるとおり，募集に該当しない合併等の組織再編では資本金や資本準備金を増加させることがあっても，受け入れる財産額の半分以上を資本金にしなければならないとの規制はありません。組織再編で新株を発行するとしても，それは資金調達を目的とした出資行為そのものではないからです。

【実務Q&A】

Q1　資本金1億円という場合に，この1億円は会社のどこに保管されているのですか。

A1　新入社員時代は，こんな素朴な疑問を持ってしまうものです。資本金というのは出資時点の金額ですから，預金通帳で例えますと，通帳を作成した時の入金額が資本金であり，その後，事業用の机やコンピュータを買ったり，従業員を雇ったりして預金を取り崩し，現在の残高が4000万円になっても，最初の預金残高は不変であり，これが株主の出資した額である資本金というものです。言い換えれば，資本金という科目の計数に過ぎません。

....

Q2　募集によらない株式の発行では資本金が増加しないという明文の規定がどこかにあると聞きましたが。

A2　会社計算規則第15条第1項や第16条第1項のことでしょう。そこには，取得請求権付株式・取得条項付株式・全部取得条項付種類株式の取得をする場合や株式無償割当てをする場合には，資本金等増加限度額は，ゼロとするとあります。取得の対価として新株式を発行しても，株式と株式を交換しただけで財産は増加しませんし，株式無償割当てもゼロ円発行だからです。

　なお，「資本金等増加限度額」というのは，資本金と資本準備金に計上される合計額で，会社法第445条の「株式会社に対して払込み又は給付をした財産の額」のことです（計算規則13条1項）。

第4章　株式と新株予約権　　*123*

第34話　自己株式の合意取得

1．募集株式の発行と自己株式の取得の相似性

　上場会社では市場取引で自己株式を取得することになりますが（165条），非上場会社では株主との合意によって取得するしかありません。

　この手続は，株主割当てによる株式の募集手続と類似しています。株主割当ての募集（202条）では，「株主の皆様，いついつまでに，1株○○円で○○株の引受けを募集します」というものですが，自己株式の取得（156条以下）では，「株主の皆様，いついつまでに，1株○○円で○○株を購入します」というものであり，株式を発行するのか，発行済みの株式を取得するのかという差でしかありません。

　視点を変えて，株式の発行を新株式の譲渡と捉えてみてください。株主割当ての募集では会社が売り手で株主が買い手ですが，自己株式の取得は株主が売り手で買い手が会社というだけです。

2．特定株主からの自己株式の取得

　株主全員を相手にする合意取得が株主（平等）割当型だとすれば，特定の株主だけを相手にする場合は第三者割当型だといえましょう。実際には，この第三者割当型がほとんどです。株主の一人が資金繰りに困り，あるいは退任した取締役が持株の取得を会社に要請した場合などです。

　しかし，第三者割当型の株式の募集は，株主以外の者を対象にすることができますが，自己株式の取得は特定の株主が相手です。株主平等原則に反することができません。

　そこで，会社法は特定の株主から自己株式を取得することを認めながら，他の株主にも「一緒に売りたい人はいませんか」と通知することを要求し（160条2項），株主平等原則を保っています。ただし，非公開会社で株式の相続人（合併承継会社を含む）から取得する場合は，この相続人株主と他の株主との

間の平等原則は緩和されており，相続人株主が議決権を行使し本格的な株主と
して行動する前であれば，他の株主に「一緒に売りたい人はいませんか」と通
知する必要はありません（162条）。

【実務Q＆A】

Q1 上場会社の場合は市場での取得や単元未満株式の買取請求で自己株式
を取得することが多いのですが，非上場会社でも自己株式を取得するケースは
多いのですか。

A1 自己株式の取得には財源規制がありますし（461条1項3号），非上
場の会社の立場からすれば資金が出て行くだけで自己株式を取得するメリット
は何もないも同然ですから，事例が多いとはいえません。特に，株主全員に向
けて「どなたか株式を売っていただけませんか」などという場面は，まず考え
られません。特定の株主からの取得のケースがたまにある程度です。

....

Q2 会社法の規定からして，会社の方から株主や特定の株主に自己株式の
取得をお願いするのだと思っていましたが，現実は，株主の側から引き取りを
依頼されることのほうが多いのですか。

A2 そのとおりです。現実に多いのは，退職していった役員や従業員が
株主であった場合に，それを引き取る場合です。退職した株主の立場からすれ
ば，配当でもない限り，持っている意味もありませんし，他に売却したくても
市場がないため，会社に引取りを要求するしかありません。本来であれば，
オーナー株主が引き取ればよいのでしょうが，譲渡価格での折り合いに感情が
入るため，会社が引き取るケースが多いようです。

....

Q3 AB2人の共同経営を解消しA単独経営にする場合も，自己株式の取
得が多いのではありませんか。

A3 この場合は，財源規制の関係から無理でしょう。共同経営者の株式
を引き取れるほど財源である剰余金の多い会社は，少ないといえます。

第4章　株式と新株予約権　*125*

第35話	承継概念と承継人に対する売渡しの請求

1．譲渡と処分と承継の意味

　非公開会社は，定款に「当会社の株式を譲渡により取得するには，取締役会の承認を受けなければならない」とあっても，相続による取得までは制限できません。相続は譲渡ではないからです。取得自体は相続による取得も含みますので，わざわざ「譲渡により取得」と断っているわけです。

　譲渡は相続と相違し意思表示を不可欠の要素とする法律行為です。有償譲渡が売買（又は交換）で，無償譲渡が贈与です。自己株式の「処分」も譲渡の一種ですが，会社の行為のときに「処分」と使います（「譲渡又は質入れその他一切の処分」などと広義では質入れを含んで使うこともあります）。

　この譲渡と区別すべき概念として「承継」があります。株式の相続人等に対する売渡請求について規定する会社法第174条に「相続その他の一般承継」とありますが，この「一般承継」は個人でいえば相続，会社でいえば合併による取得のことです（「一般承継」よりも「包括承継」という用語を使うことのほうが多いといえます）。被相続人や被合併会社の財産（権利義務一切）を一括して受け継ぐからです。本人が知らない財産（簿外資産や簿外負債）まで承継するのが包括承継です。

　譲渡は特定の財産を引き継ぐことですから，「特定承継」ともいいますが，会社分割による承継が包括承継であるか，特定承継であるかについては，議論があります。会社分割では，債務の移転にあたり債権者の個別の承諾を不要とする点では包括承継的ですし，承継する財産を個別に特定し，指定外の財産は承継されない点では，特定承継の「事業の譲渡」と類似していますから，包括承継と特定承継の中間的な存在であることは間違いありません。したがって，問題は包括承継寄りに解釈するのか，特定承継寄りに解釈するのかということになりますが，ここでは，条文に明白に「承継」とありますので（2条29号・30号，135条2項3号・4号など），特定承継に近い制限付の包括承継だという

ことにしておきましょう。ちなみに，旧商法時代の会社分割は，「事業に関して有する権利義務」ではなく，「営業」の承継とされていたため，その効果も包括承継だと解釈されていました。

2．一般承継人に対する売渡しの請求

　会社法第174条には「株式会社は，相続その他の一般承継により当該株式会社の株式（譲渡制限株式に限る。）を取得した者に対し，当該株式を当該株式会社に売り渡すことを請求することができる旨を定款で定めることができる」とあります。これを受けて，会社法第175条・第176条で，相続人等に対する売渡しの請求手続につき定めていますが，この権利は形成権といって，請求した瞬間に売買契約が成立します。もっとも，いつでもできるわけではなく，相続その他の一般承継があったことを知った日から1年を経過したときは，売渡しを請求することはできません（176条ただし書）。

　この制度は，会社法によって認められたものです。株式の譲渡制限では相続や合併による一般承継までを制限することができませんが，相続人の中に暴力団の構成員がいるとか，合併承継会社が事業で競合するライバル会社だったということもありますから，会社の好まない者が株主になることを防止する株式の譲渡制限の趣旨を相続にまで拡張し，相続による取得を認めたうえで，会社からの売渡請求の対象にすることができるようにしたものです。

　もちろん，相続人がABC 3名の場合に，Aだけに遺産分割前であっても売渡請求することが可能ですが，ABCの遺産分割協議の結果，Aが株式を取得しない場合もありますし，法定相続分以上に相続することもあり，遺産分割の遡及効（民法909条）との関係など解釈上不明確な点が多く，実務上の利用価値については，今後の課題です。

【実務Q＆A】

　Q1　本文の内容からすると，非公開会社のA社株式を保有する甲社が乙社に吸収合併される場合は，A社において譲渡承認の決議が不要だが，会社分割

でA社株式が甲社から乙社に移転する場合には，包括承継とまではいえないので，A社における譲渡承認の決議が必要だということでしょうか。

A1　本文はそういう問題意識です。私自身は，会社分割につき，会社の一部分の合併と同様に捉えていますし，条文にも明白に「承継」と規定されており通常の譲渡とは相違すること，債務の承継が債権者への異議あれば述べよという公告と催告で一括処理がなされていること（789条・799条ほか），承継される労働者の同意を会社分割の要件としていないこと（「会社分割に伴う労働契約の承継等に関する法律」参照）などからして，譲渡制限株式の承継だけを特別扱いする理由はなく，意図的に譲渡制限株式の承認手続を回避するものでない限り，発行会社の承認は不要だと考えています。

Q2　少数株主に相続があった場合を意識して「当会社は，相続その他の一般承継により当会社の株式を取得した者に対し，当該株式を当会社に売り渡すことを請求することができる」と定款に定めた場合は，オーナー株主が死亡したときに，残った取締役達から乗っ取りに合うという批判があるようですが，いかがですか。

A2　実務的な意見とは思えません。第1に，財源規制（461条1項5号）があることを無視しています。オーナーの保有株式は大量でしょうから，それの全部を買い取るだけの財源が会社にあるとは思えません。第2に，企業経営者は会社の債務につき自宅を担保にし，連帯保証までさせられますし，従業員や取引先からの信望も必要です。それらを覚悟の上で会社を支配しようとする人材は，そう多くはありません。第3に，オーナー派の役員等も残っているでしょうし，取締役会や株主総会で紛糾することは間違いないでしょう。それらを十分に検討してから心配すれば十分ではないでしょうか。なお，定款に定める場合は，「ただし，発行済株式の総数の1割以上が承継された場合は，この限りでない」などと定めて置けば，なお安全でしょう（この定め方が合法かどうかの議論はありそうですが，誰でも1割以上になれるので株主平等原則に反しないと私は考えています）。

第5章

株式会社の機関

第36話　機関とは

第37話　機関，役員，役員等，忠実義務

第38話　役員等の員数と任期

第39話　機関設置と役員等の就任

第40話　取締役と代表取締役

第41話　業務執行取締役と社外取締役

第42話　2種類の監査役

第43話　補欠（予選と選任），後任，増員

第44話　任期の伸長・短縮と事業年度の変更

第36話　機関とは

1．機関とは何か

　会社法第4章は「機関」についての規定ですが，機関についての定義はなされていません。では，機関とは何でしょうか。その前に，皆さんは，代表と代理の相違をご存知でしょうか。代表取締役と顧問弁護士の立場の相違と考えても差し支えありません。

　代表取締役は，株式会社の一部です。屋根や柱が建物の一部であるのと同じく，代表取締役は株式会社という組織の構成部分であって，組織の外に存在する第三者ではありません。株主総会や取締役会で選定されるとしても，大株主や取締役会の多数派の代理人ではなく，彼らの指示に拘束されることもなく，会社自体に忠実義務を負います。これに対して，顧問弁護士は代理人であり，株式会社の外に存在する第三者です。会社の支配人も雇用契約から生じる代理人であり，株式会社の構成部分ではありません。

　このように株式会社の構成部分であることを機関といい，これには，全ての株式会社に必須の意思決定機関として株主総会と取締役があり，任意設置機関として，取締役会，会計参与，監査役，監査役会，会計監査人，監査等委員会又は指名委員会等の7種類があります（326条2項）。

　株式に種類があるごとく，機関にも種類があるわけですが，この「任意」設置機関は，定款に定めると登記事項になり，例えば，監査役制度を採用する通常の上場会社では，次のように「○○設置会社」と登記されています。

（機関構成の登記記録例）

取締役会設置会社に関する事項	取締役会設置会社
監査役設置会社に関する事項	監査役設置会社
監査役会設置会社に関する事項	監査役会設置会社
会計監査人設置会社に関する事項	会計監査人設置会社

第 5 章 株式会社の機関 *131*

　取締役や監査役などと相違し，株主個々は機関とはいえません。会社法第350条に「株式会社は，代表取締役その他の代表者がその職務を行うについて第三者に加えた損害を賠償する責任を負う」とありますが，この第三者には，株主も含まれます。株主名簿管理人も第三者であり機関ではありません。

　上記の「必須機関」か「任意設置機関」かは，相対的概念で，株式会社一般からすれば取締役会は任意設置機関ですが，取締役会設置会社たる株式会社では必須機関です。

　公開会社や大会社の必須機関は次のとおりです。

▲会社法第327条（取締役会等の設置義務等）

　1項：次に掲げる株式会社は，取締役会を置かなければならない。

　　一　公開会社

　　二　監査役会設置会社

　　三　監査等委員会設置会社

　　四　指名委員会等設置会社

　2項：取締役会設置会社（監査等委員会設置会社及び指名委員会等設置会社を除く。）は，監査役を置かなければならない。ただし，公開会社でない会計参与設置会社については，この限りでない。

　3項：会計監査人設置会社（監査等委員会設置会社及び指名委員会等設置会社を除く。）は，監査役を置かなければならない。

　4項：監査等委員会設置会社及び指名委員会等設置会社は，監査役を置いてはならない。

　5項：監査等委員会設置会社及び指名委員会等設置会社は，会計監査人を置かなければならない。

　6項：指名委員会等設置会社は，監査等委員会を置いてはならない。

▲会社法第328条（大会社における監査役会等の設置義務）

　1項：大会社（公開会社でないもの，監査等委員会設置会社及び指名委員会等設置会社を除く。）は，監査役会及び会計監査人を置かなければならない。

　2項：公開会社でない大会社は，会計監査人を置かなければならない。

上記に従い上場を廃止した大会社は，株式に譲渡制限を設定し非公開会社となり，監査役会を廃止する例が多いといえましょう。

なお，会社法第2条の定義によると，例えば，取締役会設置会社であれば，「取締役会を置く株式会社又はこの法律の規定により取締役会を置かなければならない株式会社をいう」とありますが，公開会社は，この後者の強制設置会社に該当し，定款に取締役会を置く旨を定めなければなりません。

2．会社の成長段階と機関

会社法第326条は，清算人のことに触れていません。清算人は機関に該当しないのでしょうか。これについては，会社法が，通常の「事業株式会社」と，解散して清算段階に入った「清算株式会社」とを分けて規定しているためです。第326条は前者に関する規定に過ぎません。

（会社の成長段階と必須機関）

	必須機関	権利能力
設立中の株式会社	発起人，設立時取締役	設立の目的の範囲内
（事業）株式会社	株主総会，取締役	定款の目的の範囲内
清算株式会社	株主総会，清算人	清算の目的の範囲内

なお，取締役，清算人と同じく指名委員会等設置会社の執行役，また種類株式発行会社の種類株主総会も機関ですが，株主総会関連や業務執行機関関連は，定款の定めを要しない法定の必須機関として，○○設置会社とはいいません。

第5章　株式会社の機関　　*133*

> ## 第37話 機関，役員，役員等，忠実義務

1．役員等は全て機関か

「役員等は全て機関か」と聞かれたら，一瞬，答えに窮してしまいませんか。会社法でいう「役員等」の範囲までを記憶している人は少ないからです。「会社に対して忠実義務を負う者は，みな役員あるいは機関か」という質問だったら，いかがでしょうか。

▲会社法第329条（選任）第1項

　役員（取締役，会計参与及び監査役をいう。以下この節，第371条第4項及び第394条第3項において同じ。）及び会計監査人は，株主総会の決議によって選任する。

▲会社法第330条（株式会社と役員等との関係）

　株式会社と役員及び会計監査人との関係は，委任に関する規定に従う。

▲会社法第355条（忠実義務）

　取締役は，法令及び定款並びに株主総会の決議を遵守し，株式会社のため忠実にその職務を行わなければならない。（419条2項により，執行役に準用されている）。

▲会社法第423条（役員等の株式会社に対する損害賠償責任）第1項

　取締役，会計参与，監査役，執行役又は会計監査人（以下この節において「役員等」という。）は，その任務を怠ったときは，株式会社に対し，これによって生じた損害を賠償する責任を負う。

▲会社法第429条（役員等の第三者に対する損害賠償責任）第1項

　役員等がその職務を行うについて悪意又は重大な過失があったときは，当該役員等は，これによって第三者に生じた損害を賠償する責任を負う。

　上記からお分かりのとおり，会社法でいう役員は，「取締役，会計参与，監査役」の3つであり，会計監査人は役員ではありません。会計参与や監査役は

役員でありながら，会社に対して忠実義務を負いません。

しかし，登記記録では，会計監査人も「役員に関する事項」に記録されます（指名委員会等設置会社の執行役も同じです）。これらの関係をどう考えるべきでしょうか。

（取締役，代表取締役，会計参与，監査役及び会計監査人の登記記録例）

役員に関する事項	取締役　　　　　A
	東京都○○区○○町○丁目○番○号 代表取締役　　　A
	会計参与　税理士法人B会 （書類等備置場所）東京都○○区○○町○丁目○番○号
	監　査　役　　　C
	会計監査人　　　D監査法人

２．規定の趣旨ごとに範囲が異なる

（1）機関は構成部分かどうか

役員等に含まれる取締役，会計参与，監査役，執行役又は会計監査人は，いずれも機関です。取締役は全ての会社の，会計参与は会計参与設置会社の，監査役は監査役設置会社の，執行役は指名委員会等設置会社の，会計監査人は会計監査人設置会社に必要不可欠な存在であり，それらの人的構成要素です。

登記記録の「役員に関する事項」も人的構成要素を記録しているだけで，執行役や会計監査人もここに記録されます。会社法の役員と登記記録上の役員の範囲とは必ずしも一致しないわけです。

（2）役員は会社の内部機関かどうか

取締役，会計参与及び監査役は，株主総会において（又は会計参与を除いて種類株主総会で）選任・解任される株式会社に必要な内部機関です。いわば，株主の代表として送り込まれた業務執行決定機関・監査機関であって必要的な存在ですら，「役員が欠けた場合又はこの法律若しくは定款で定めた役員の員数を欠くこととなるときに備えて補欠の役員を選任することができる」という

予選補欠制度や，「役員が欠けた場合又はこの法律若しくは定款で定めた役員の員数が欠けた場合には，任期の満了又は辞任により退任した役員は，新たに選任された役員（次項の一時役員の職務を行うべき者を含む）が就任するまで，なお役員としての権利義務を有する」（341条1項）という任期満了退任又は辞任後の職務継続義務の制度（権利義務者の制度）が適用され，この制度が機能しない場合には「裁判所は，必要があると認めるときは，利害関係人の申立てにより，一時役員の職務を行うべき者を選任することができる」（341条2項）とする仮役員制度が設けられています。

これに対して，会計監査人は株主総会で選任される外部機関です。予選補欠制度も後任が見つかるまでの権利義務者制度も適用されません。仮会計監査人制度はありますが，裁判所ではなく監査役が仮会計監査人を選任し（346条4項以下），監査役によって解任されることもあります（340条）。会計監査人の職務も会計監査に限定されており（396条），いわば会計分野の専門家の立場から第三者機関として監査役等の会計監査部分を補う立場ですから，株主総会で選任・解任する株主の代表ともいうべき「役員」とする必要もありません。

（3）忠実義務は業務執行機関に課せられた義務

取締役と執行役に限定されており，競業取引や利益相反取引につき制限されます（356条）。

（4）任務懈怠の損害賠償責任は委任契約の効果

任務懈怠は債務不履行の責任ですから，受任者は誰でも負いますし，会社法第429条の第三者に対する責任は，第三者を保護するための法定責任と解されていますから，会社の機関であれば責任を負います。

なお，「一時役員の職務を行うべき者」という法文から，仮役員ではなく一時役員という方もおられますが，この「一時」は副詞であり，「役員の職務を一時行うべき者」という意味です。会社法第870条以下には「一時取締役，会計参与，………」とあり，「一時取締役，一時会計参与，………」となっていません。商業登記規則第68条の見出しも「仮取締役………」です。

136

第38話　役員等の員数と任期

1．役員等の員数

　役員等の員数に関する会社法の主要条文は，次のとおりです。

▲会社法第326条（株主総会以外の機関の設置）第1項

　株式会社には，1人又は2人以上の取締役を置かなければならない。

▲会社法第331条（取締役の資格等）第5項・第6項

　取締役会設置会社においては，取締役は，3人以上でなければならない（5項）。監査等委員会設置会社においては，監査等委員である取締役は，3人以上で，その過半数は，社外取締役でなければならない（6項）。

▲会社法第335条（監査役の資格等）第3項

　監査役会設置会社においては，監査役は，3人以上で，そのうち半数以上は，社外監査役でなければならない。

▲会社法第400条（委員の選定等）

　指名委員会，監査委員会又は報酬委員会の各委員会（略）は，委員3人以上で組織する（1項）。各委員会の委員は，取締役の中から，取締役会の決議によって選定する（2項）。各委員会の委員の過半数は，社外取締役でなければならない（3項）。

　つまり，取締役「会」，監査役「会」，委員「会」という会議体では，3人以上であることを要するが，それ以外は1人いればよいということです。

【実務Q＆A】

　Q1　会社法第326条第1項に「1人又は2人以上の取締役を置かなければならない」とありますが，「1人又は2人以上」なら，「1人以上」と規定すれば十分ではありませんか。

　A1　会社法条文には，「全部又は一部」が頻繁に登場しますし，この「1

第5章　株式会社の機関　**137**

人又は2人以上」も数学的に考えると不思議な定め方です。

　さて，本規定は旧有限会社法第25条の「有限会社には1人又は数人の取締役を置くことを要す」を受けたもので，「数人」では多数を除外するように誤解されかねませんので，複数人である「2人以上」と言い換えただけです。取締役が単数の場合と複数の場合で規定の仕方が異なるため，こう規定しただけです。すなわち，1人の場合は1人で決定すればよいが，2人以上存在する場合は，過半数の同意で決定するなどの規定が必要のためです。

・・

Q2　取締役会などは，なぜ3人以上にしているのですか。2人や4人以上でもよいと思いますが………。

A2　最低員数が4人という偶数では，意見が2対2になると何も決まりません。複数で奇数の最低数が3だから，3人以上にしたのでしょう。

・・

Q3　指名委員会等設置会社の「委員」については，役員かどうかなどの規定がなかったようですが………。

A3　委員は取締役でもあるため，委員独自に役員かどうか，委員の任務懈怠責任はどうかを規定する必要はありません。

2．役員等の任期

　取締役や会計参与の原則的任期は，「選任後2年以内に終了する事業年度のうち最終のものに関する定時株主総会の終結の時までとする。ただし，定款又は株主総会の決議によって，その任期を短縮することを妨げない」（332条1項，334条1項），監査等委員会設置会社の監査等委員ではない取締役，指名委員会等委員会設置会社の取締役・執行役は，選任後2年以内の部分が選任後1年以内とされています（332条3項・6項，402条7項）。

　業務執行に従事する役員であるため，株主総会の監督権限を強化するため，任期は短く，さらにそれを短縮することもできます。最近は，コンプライアンスの関係か，上場会社及びその子会社で，取締役の任期を「選任後1年以内に

終了する事業年度のうち最終のものに関する定時株主総会の終結の時までとする」という例が急増しています。

以上に対して，監査を担当する監査役等にはその地位を保証しなければなりませんから，監査役の任期は「監査役の任期は，選任後４年以内に終了する事業年度のうち最終のものに関する定時株主総会の終結の時までとする」とされ（336条１項），監査等委員会設置会社の監査等委員である取締役も選任後２年以内とされ（332条３項），会社法第332条第１項ただし書のような規定はなく，任期の短縮は認められません。

「選任後○年以内」とされ「就任後」とされていないのは，被選任者の就任承諾時期によって任期に差が生じることを避けるためです。また，選任決議で「選任の効力は平成○年○月○日に生じる」と定めても，選任決議の日から民法第138条以下に従い任期を計算します。

選任後○年以内の定時株主総会ではなく，事業年度の末日がその範囲内という意味ですから，これも勘違いしないようにしてください。

ただし，非公開会社（委員会系統の会社を除く）の場合は，取締役や監査役等の任期は「定款によって，同項の任期を選任後10年以内に終了する事業年度のうち最終のものに関する定時株主総会の終結の時まで伸長することを妨げない」とされており（332条２項，336条２項，334条１項），非上場の中小企業は，２年ごとに役員変更の登記をせずに済んでいます。

なお，会計監査人の任期は「選任後１年以内に終了する事業年度のうち最終のものに関する定時株主総会の終結の時まで」であり，その「定時株主総会において別段の決議（注：不再任の決議など）がされなかったときは，当該定時株主総会において再任されたものとみなす」とされています（338条１項・２項）。一種の自動更新ですが，登記上は毎年，重任（本書35頁）の登記が必要です。ここに「みなす」とありますが，定時株主総会における別段の決議だけでなく，会計監査人の側から定時株主総会の終結時に辞任したい，あるいは再任はしないとの別段の意思表明があった場合は辞任や任期満了による退任とされ，再任が強行的にみなされるわけではないと解釈されています。

第5章　株式会社の機関　**139**

第39話　機関設置と役員等の就任

1．機関の設置と定款の定め

　会社法第326条第2項は「株式会社は，定款の定めによって，取締役会，会計参与，監査役，監査役会，会計監査人又は委員会を置くことができる」という規定でした。

　では，定款に「当会社は，（必要により）取締役会及び監査役を置くことができる」と定めて，必要な場合にのみ，それらを置くことができるでしょうか。

　条文に「置くことができる」とあるのだから，可能のようにも思えますが，この条文は「定款の定めによって置くか置かないかを決めることができる」という意味であって，株式会社の土台である機関設計が不安定では困りますから，定款に定める際は「当会社は，取締役会及び監査役を置く」と断定形で定めるべきだとされています。

　次に，会社法には，「この法律の規定により取締役会を置かなければならない株式会社」や「この法律の規定により監査役を置かなければならない株式会社」というものが存在しますが，法定の強制設置だから定款に定めなくとも，よさそうに思えてしまいます。しかし，この場合も「この法律の規定により定款に機関の定めを置かなければならない株式会社」という意味だとされ，定款に定めを置かない限り，取締役会設置会社，監査役設置会社との登記をすることができないと解されています。

2．機関の設置日と機関の就任日との関係

　「取締役会設置会社においては，取締役は，3人以上でなければならない」（331条4項），「取締役会は，取締役の中から代表取締役を選定しなければならない」（362条3項），また，員数については明文の規定がありませんが，監査役設置会社には最低1人の監査役が必要です。

　では，9月1日の臨時株主総会で定款に取締役会と監査役を置くと定め，取

締役ABC，監査役Dを選任したところ，ABCDが就任を承諾したのは9月3日になってしまい，取締役会でAを代表取締役に定め，その就任の承諾が得られたのは9月4日だったという場合に，9月2日に取締役会と監査役の設置だけを登記することができるでしょうか。言い換えれば，機関設置の実体を具備しなくても，○○設置会社といえるのか，いえるとしたら，登記も可能かという問題です。

これに関しては，前記のように定款の定めを基準にして，機関の設置日は定款に定めた9月1日だが，登記に関する会社法第911条に，「監査役設置会社であるときは，その旨及び監査役の氏名」，「会計監査人設置会社であるときは，その旨及び会計監査人の氏名又は名称」などとあるごとく，機関（役員等）の就任とセットでない限り，登記を受け付けることはできないと取り扱われています。したがって，取締役会設置会社の場合は，9月1日取締役会の設置，取締役ABCの9月3日就任の登記と代表取締役Aの9月4日就任の登記をセットで9月4日以降に申請しなければなりません。これを「併せて登記する義務」などと登記の世界ではいっていますが，代表取締役Aが就任しない限り，登記の申請人になる者も存在せず，登記を申請することができないともいえます。

3．機関の廃止と機関の任期満了退任

機関の設置（という定款の変更）と機関の就任が登記申請上セットになっていることは，機関の廃止の面からもいえることであり，監査役を置く旨の定款の定めを廃止する定款の変更により，監査役の任期は当該定款の変更の効力が生じた時に満了するとされています（336条4項1号）。会計参与については第334条第2項，会計監査人については第338条第3項です。

それだけでなく，取締役や監査役については，監査等委員会設置会社や指名委員会等設置会社に，あるいは非公開会社が公開会社に変化した場合にも任期が満了します（332条7項，336条4項）。これらは，会社の性格が異なることによって，取締役や監査役の役割も異なるためだと考えられます。

第5章　株式会社の機関　*141*

第40話　取締役と代表取締役

1．代表取締役は機関か

　会社法第326条第1項には「株式会社には，1人又は2人以上の取締役を置かなければならない」とありながら，「代表取締役を置かなければならない」という規定がないことを不思議に感じなかったでしょうか。代表取締役は機関ではないのでしょうか。

　会社の代表について，会社法は次のように規定しています。

▲会社法第47条（設立時代表取締役の選定等）第1項

　設立時取締役は，設立しようとする株式会社が取締役会設置会社（…略…）である場合には，設立時取締役（…略…）の中から株式会社の設立に際して代表取締役（株式会社を代表する取締役をいう。以下同じ。）となる者（以下「設立時代表取締役」という。）を選定しなければならない。

▲会社法第349条（株式会社の代表）第1項・第2項・第3項

　1項：取締役は，株式会社を代表する。ただし，他に代表取締役その他株式会社を代表する者を定めた場合は，この限りでない。

　2項：前項本文の取締役が2人以上ある場合には，取締役は，各自，株式会社を代表する。

　3項：株式会社（取締役会設置会社を除く。）は，定款，定款の定めに基づく取締役の互選又は株主総会の決議によって，取締役の中から代表取締役を定めることができる。

▲会社法第362条（取締役会の権限等）第3項

　取締役会は，取締役の中から代表取締役を選定しなければならない。

▲会社法第420条（代表執行役）

　取締役会（注：指名委員会等設置会社の取締役会）は，執行役の中から代表執行役を選定しなければならない。この場合において，執行役が1人のときは，その者が代表執行役に選定されたものとする。

会社法第47条第1項の「代表取締役（株式会社を代表する取締役をいう）」は，一見して，代表取締役が株式会社を代表する取締役であることは明らかであり無意味な規定のようにみえますが，これは定義規定であり，「株式会社を代表する取締役を代表取締役という」という意味です。

その結果，会社法第349条の「取締役は，株式会社を代表する」「取締役は，各自，株式会社を代表する」は，取締役が1人のときは，その者が代表取締役であり，取締役が2人以上のときも，原則として各自が代表取締役になる（各自代表の原則）という意味です。

ただし，定款，定款の定めに基づく取締役の互選又は株主総会の決議で，その一部を代表取締役と定めたときは，定められなかった者は代表取締役になりません。取締役会設置会社で代表取締役を定めたときも同様です。

また，指名委員会等設置会社では代表執行役が会社を代表するため，取締役が会社を代表することはあり得ません（420条）。これらのことが第349条第1項ただし書の「ただし，他に代表取締役その他株式会社を代表する者を定めた場合（注：取締役が1人のときは，取締役を追加して，その者を代表取締役に定めた場合）は，この限りでない」の意味です。

こうして，代表取締役は取締役の一種であり，わざわざ取締役から離れて「代表取締役は株式会社の機関か」を論ずる意味もないことになります。

2．取締役の地位と代表取締役の地位の関係

取締役の地位と代表取締役の地位との関係については，取締役会設置会社では法律により，非取締役会設置会社において取締役の互選で代表取締役を選定する場合は定款の定めにより，取締役の地位と代表取締役の地位が分化させられているが，それ以外は分化していないと説明されることが多いといえます。

ただし，登記上は，旧商法時代（株式会社は全て取締役会設置会社であった）からの伝統もあり，地位が分化しているかどうかを問わず，取締役については取締役として，代表取締役については代表取締役として登記します。取締役がたった1人であっても，次のとおり，2段階の登記になります（取締役会

設置会社の場合は，取締役が３名以上登記されている必要があります）。
（２段階の登記）

役員に関する事項	取締役　　　　A
	東京都○○区○○町○丁目○番○号 代表取締役　　A

【実務Q＆A】

Q1　「取締役の中から代表取締役を定める」とあるので，全員を代表取締役にすることはできないのですか。

A1　その意味は，大勢の中から少数の適任者を選ぶということではなく，代表取締役は取締役でなければならないという意味に過ぎません。全員を代表取締役にすることもできます。

....

Q2　代表取締役を定めることは「選定」というのですか。

A2　選任された者の中からまた選任する第２段階目の選任を会社法では「選定」としています。解任も「解職」です（47条・48条等参照）。

....

Q3　会社法第47条第１項には，「設立しようとする株式会社が取締役会設置会社（略）である場合には，設立時取締役（略）の中から株式会社の設立に際して代表取締役（略）となる者（略）を選定しなければならない」とありますが，取締役会で代表取締役を選定しないのですか。

A3　会社法では，設立段階の株式会社と設立後の株式会社の規律を完全に分けていますし，設立段階では取締役会は存在しませんので，設立時取締役の互選で設立時代表取締役を選定します。設立時代表取締役であり，設立後の代表取締役のことではありません。

　なお，**互選**とは自らも被選任者になれる場合に，過半数の同意によって選ぶことです。相互に協議する必要も，一堂に会して会議の形式を採用して選ぶ必要もありません。

第41話　業務執行取締役と社外取締役

1．業務執行取締役

　昔は，取締役といえば，社長，会長，相談役，専務，常務，○○事業部長などという肩書付の人でした。平社員から係長，課長，部長と出世し，取締役になるのがサラリーマンの夢でした。外部から取締役を招へいする場合も，その人の業務執行の有能さに期待してのことでした。

　こういう「代表取締役及び代表取締役以外の取締役であって，取締役会の決議によって取締役会設置会社の業務を執行する取締役として選定されたもの」（一度も業務執行に従事しなくても業務執行取締役）や「当該株式会社の業務を執行したその他の取締役」（一度でも業務執行に従事すれば業務執行取締役）のことを会社法では**業務執行取締役**といいます（2条15号かっこ書）。

　しかし，会社も経済社会で重要な役割を有し，社会的責任を負うようになった現在は，こういう縦社会だけではトップの暴走を抑えられないとし，旧商法時代は，監査役の権限を強化し任期を取締役より長くする改正が行われていましたが，それでも足らず，取締役会の中に業務を執行せずに業務執行を監督するだけの取締役を設けるべきだと意見を受け入れ，**社外取締役**制度が設けられました。監査役の任期が4年に延長され，社外取締役制度が設けられたのは，平成14年5月施行の改正商法からです。

　ここで，監査役と取締役の業務執行の監査・監督権限には，どのような差があるのかという問題が生じますが，監査役の業務監査は「**適法性監査**」で，取締役の監査は「**妥当性監査**」だといわれています。適法でも，プロの経営者として不適当な判断をした場合には，後者に引っかかります。また，監査役の監査は監査役個々の独立した権限ですが，取締役の監査は取締役会の構成員として行うものといった差があります。もっとも，監査役の適法性監査も，善管注意義務違反や忠実義務違反という法令違反を含みますから，結構，幅広い概念だといえましょう。

会社法第362条第2項には次のようにあります。

▲会社法第362条（取締役会の権限等）第2項

取締役会は，次に掲げる職務を行う。

　　一　取締役会設置会社の業務執行の決定

　　二　取締役の職務の執行の監督

　　三　代表取締役の選定及び解職

　上記の条文では，「職務の執行の監督」とあり「業務執行の監督」とはされていませんが，業務執行は営利を目的とした事業活動であり，職務はより広く担当した役割です。株主総会や取締役会の招集などは職務であって業務の執行ではないと考えられています（社外取締役にも招集権限がある）。

２．社外取締役と登記

　業務執行取締役でない業務執行の監督だけを役割とする取締役を社外取締役と考えてよさそうです。取締役でありながら「社外」の取締役とは，実におかしな名称だとは思いますが，会社法第2条第15号によると，現在も過去10年間も業務執行に従事したことがなく，会社の親族等の関係者でもないなどことを要求していますから，その経歴による区別です。

　もっとも，社外取締役の登記は，まずあり得ない会社法第373条第1項による特別取締役による議決の定めがある場合を除くと，監査等委員会設置会社と指名委員会等設置会社の場合に限られますので，上場会社を含め監査役が存在する株式会社にあっては登記されることもありません（社外監査役については，監査役会設置会社に限られます）。

　念のため，社外役員の登記記録は，次のようなものです。

（社外取締役の登記記録例）

役員に関する事項	取締役　○　○　○　○ 　　（社外取締役）

146

第42話　2種類の監査役

1．業務監査権限と会計監査権限

　監査役は，取締役（及び会計参与）の職務の執行を監査する権限を持った株式会社の役員であるのが原則ですが（381条1項），監査役会設置会社及び会計監査人設置会社を除く非公開会社に限り，監査役の監査の範囲を会計に関するものに限定する旨を定款で定め，登記することができるとされています（389条1項，911条3項17号）。

　つまり，原則は，会計監査権限を含む業務監査の権限を有するが，例外的に非公開会社に限り会計監査権限だけの監査役も設けられるということです。監査役Aは業務監査権限，監査役Bは会計監査権限のみという1つの会社内に2種類の監査役を置くことはできません。監査役設置会社という機関の設計に関する問題ですから，不安定であることは許されません。

　次は監査報告書の抜粋（監査の結果）ですが，（1）部分が業務監査で，（2）部分が会計監査になります。

（監査報告書内の業務監査と会計監査）

（1）事業報告等の監査結果

　①事業報告及びその附属明細書は，法令及び定款に従い，会社の状況を正しく示しているものと認めます。

　②取締役の職務の執行に関する不正の行為又は法令もしくは定款に違反する重大な事実は認められません。

（2）計算書類及びその附属明細書の監査結果

　計算書類及びその附属明細書は，会社の財産及び損益の状況をすべての重要な点において適正に表示しているものと認めます。

　上記以外に，業務監査権限の監査役は取締役会に出席義務があり（383条），会社と取締役との間の訴訟では監査役が会社を代表いたしますが（386条），会

計監査権限の監査役には，これらの規定が適用されません（389条7項）。

　いずれにせよ，監査役は，業務執行や会計に関する監査を職務としている関係上，その職務及び地位の独立性が保証され，定款による任期の短縮などは補欠監査役の場合を除いて認められていません（336条1項）。

２．２つの監査役設置会社

　旧商法時代は，資本金1億円以下の小会社の監査役は会計監査権限だけで，1億円超5億円未満の中会社と5億円以上の大会社の監査役が業務監査権限を有するとされていましたが（負債基準は省略），会社法の立案段階では，監査役は全て業務監査権限を有することにする予定でした。しかし，中小企業団体からの要請もあり，旧商法時代と同様に，会計監査権限だけの監査役も残すことにしました。これが会社法第389条第1項だったわけですが，泥縄の変更だったのか，2つの監査役設置会社が生じてしまいました。次のとおりです。

▲会社法第2条（定義）第9号

　監査役設置会社：監査役を置く株式会社（その監査役の監査の範囲を会計に関するものに限定する旨の定款の定めがあるものを除く。）又はこの法律の規定により監査役を置かなければならない株式会社をいう。

▲会社法第911条（登記）第3項第17号

　監査役設置会社（監査役の監査の範囲を会計に関するものに限定する旨の定款の定めがある株式会社を含む。）であるときは，……

　会社法第911条第3項は登記に関する規定ですから，会社法の規定に「監査役設置会社」とあるときは，会社法第2条第9号の定義どおりの業務監査権限を持った監査役を置く会社に限られます。例えば，取締役等による免除に関する定款の定めに関する会社法第426条第1項に「監査役設置会社……は」とありますが，会計限定監査役を置く会社を含みません。

　なお，会計限定である旨の登記は，役員欄に「監査役の監査の範囲を会計に関するものに限定する旨の定款の定めがある」と記録されます。

第43話　補欠（予選と選任），後任，増員

1．予選補欠制度

　会社法第329条第2項に「法務省令で定めるところにより，役員が欠けた場合（注：ゼロになった場合）又はこの法律若しくは定款で定めた役員の員数を欠くこととなるときに備えて補欠の役員を選任することができる」とあります。ここでいう役員は取締役，会計参与，監査役のことで会計監査人を含まないことは説明済みです。

　しかし，本規定を単なる条件付選任決議だと考えれば，会計監査人にも認めてよさそうですが，欠員を要件としていますし，法務省令である会社法施行規則第96条第3項本文には，「補欠の会社役員の選任に係る決議が効力を有する期間は，定款に別段の定めがある場合を除き，当該決議後最初に開催する定時株主総会の開始の時までとする」とありますので，定時株主総会で補欠を予選したとしますと，予選の効力が次の定時株主総会である1年先までありますから，類推又は拡大解釈は困難です。また，仮会計監査人を監査役で選任することもできることから，会計監査人には認める必要もないでしょう。

　本規定は，もともと上場会社の株主総会の開催が困難であるという事情に応えたものです。監査役会を置く上場会社では，監査役3名が必要で，その半数以上が社外監査役であることを要しますから（335条3項），「法律若しくは定款で定めた役員の員数を欠くことになる」可能性が少なくありません。例えば，監査役がABC（ABは社外監査役）3名の場合は1人でも欠けたら定員割れですし，監査役がABCD（ABは社外監査役）4名の場合でも，A又はBが欠ければ，社外監査役に欠員が生じます。その際に，後任を選任するだけのために，わざわざ臨時株主総会を開催するのは時間と費用の無駄であるため，この制度が設けられたものです。

　なお，補欠というのは前任者のピンチヒッターという概念ですが，予選補欠の場合は欠員補充が要件とされています。監査役がABCD（ABは社外監査役）

４名で，社外監査役ではないC又はDの一方が欠けても，法定の員数を満たしていますので，予選補欠は就任することができません。

（予選補欠の選任議案例）

> 第○号議案　補欠監査役１名選任の件
> 　法令に定める監査役の員数を欠くことになる場合に備え，補欠監査役１名の選任をお願いするものであります。なお，本議案に関しましては，監査役会の同意を得ております。
> 　補欠監査役の候補者は，次のとおりであります。（以下，略）

　しかし，毎年の定時株主総会の都度，補欠監査役を予選するのも面倒ですから，会社法施行規則第96条第３項本文に，「定款に別段の定めがある場合を除き」とあるため，定款で「補欠監査役の選任決議の効力を有する期間は，選任後４年以内に終了する事業年度のうち最終のものに関する定時株主総会の開始の時までとする」と定めることが多いといえます。定時株主総会の終結の時ではなく開始の時までとするのが通常です。

２．選任補欠

　多くの会社の定款に次のように定めています。

▲定款第○条（監査役の任期）

　１項：監査役の任期は，選任後○年以内に終了する事業年度のうち最終のものに関する定時株主総会の終結の時までとする。

　２項：任期満了前に退任した監査役の補欠として選任された監査役の任期は，前任者の任期の残存期間と同一とする。

　予選補欠も欠員が生じて就任した場合には，この第２項の適用を受けますが，この第２項は，法定又は定款で定める定員割れの欠員補充ではない場合にも適用されます。議案も予選ではないため，通常どおり「監査役○名選任の件」となり，次のとおり，議案の内容で補欠として選任されることを断ります。

(監査役の補欠の選任議案)

> 第○号議案　監査役1名選任の件
> 　監査役A氏は，本総会終結の時をもって辞任いたしますので，監査役1名の選任をお願いするものであります。なお，監査役候補者B氏は，監査役A氏の補欠として選任されることになりますので，その任期は当社定款の定めにより退任される同監査役の任期の満了する時までとなります。また，本議案の提出につきましては，監査役会の同意を得ております。
> 　監査役候補者は，次のとおりであります。(以下，略)

3．後任と補欠と増員

　後任，補欠，増員の意味につき混乱中ですので，ここで説明しておきましょう。取締役会設置会社で取締役3名をABCとします。ここでCが欠けたので(辞任や死亡など)，後任としてDを選任したとします。

　「後任」概念は「前任者」との関係ですが，後任は1人とは限りません。しかし，この後任Dを「補欠」として選任した場合は，補欠は前任者のピンチヒッターですから1人に限ります。

　DはCの後任ですが，在任者ABとの関係では「増員」になります。2名在任に対して1名増員というわけです。この増員概念には欠員補充かどうかを問いません。欠員補充目的の予選補欠は，定員概念と後任補欠がセットになったものだといえます。

(後任，補欠，増員，欠員補充の説明図)

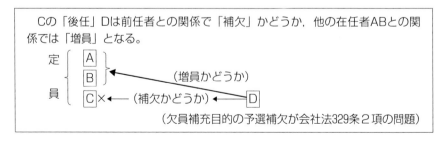

第5章　株式会社の機関　*151*

第44話　任期の伸長・短縮と事業年度の変更

1．任期に関する定款の定め

　任期に関する定款の定めで，最も多いのは，取締役の任期でいえば，次の内容です。ただし，非公開会社では上場会社の子会社を除き，第1項の「2年」を「2年から10年」の間で定めている例が多いといえましょう。上場会社の子会社では，通常の人事異動の一環として子会社の役員が定められますから，任期を長期にしておかないほうが好都合のようです。

▲定款第○条（取締役の任期）

　1項：取締役の任期は，選任後2年以内に終了する事業年度のうち最終のものに関する定時株主総会の終結の時までとする。

　2項：任期満了前に退任した取締役の補欠として，又は増員により選任された取締役の任期は，前任者又は他の在任取締役の任期の残存期間と同一とする。

　第2項の補欠・増員取締役の任期短縮規定における前任者は補欠との関係で，他の在任取締役は増員との関係であることは説明済みですが（監査役の場合は増員者の任期を短縮することができません），この規定は取締役の全員を一斉に任期満了退任させるためのものだといえます。その方が毎年のように役員変更を議題にする必要もありませんし，役員変更の登記もいっぺんで済んでしまうからです。ただし，買収防衛策の見地から，この定めをあえて設けない上場会社も少なくありません。

2．任期の伸長と短縮

　株主も役員等も，会社の憲法である定款の定めに拘束されますから，上記の「選任後2年以内」を非公開会社で「選任後3年以内」に変更すると，現任取締役の任期が1年伸長します。任期の満了時期は「定時株主総会の終結の時まで」ですから，その定時株主総会で「本総会終結と同時に任期満了退任するこ

とになるが，その前に定款の定めの任期を伸長しよう」と決議すれば，その定時株主総会の終結の時に任期満了退任しないことになります。ですから，全員をそのまま再選する場合は，再選せずに定款の任期を伸長すれば，役員の重任登記を省略することができ，経費負担が軽減されます。

では，逆に定款変更で上記の「選任後2年以内」を「選任後1年以内」に変更した場合はどうでしょうか。

変更後の定款任期で計算しますと，昨年の定時株主総会の終結時に任期満了退任しているという場合も生じます。補欠や増員で，まだ選任後1年に満たない取締役が存在しても，上記定款の第2項により同様に解釈されます。

この場合に，定款変更の効力が遡及する（さかのぼる）と解釈することは困難ですから，結論からいいますと，明文の規定はありませんが，その定款変更時点で任期満了すると解釈されています。そのため，定款の変更を決議する株主総会で取締役の選任決議が必要になります。

3．事業年度の変更

9月30日の決算期を3月31日に変更するなどの定款変更があった場合は，任期計算の「定時株主総会の終結の時」が動きますので，これについても，上記と同様に考えることになります。

ところで，会計監査人の任期は「選任後1年以内に終了する事業年度のうち最終のものに関する定時株主総会の終結の時まで」です（338条1項）。ところが，事業年度は1年が原則でありながら，会社法第435条第2項及び会社計算規則第59条第2項では，変更後の最初の事業年度の期間は1年6か月以内であればよいとしています。

では，平成X年9月30日決算期の会社が同年8月の臨時株主総会で事業年度末を翌年3月31日までに伸長した場合（事業年度期間は最長の1年半）に，会計監査人の任期はどうなるでしょうか。また，決算期後の平成X年12月開催の定時株主総会で，その期末を翌々年3月31日に変更した場合（事業年度期間は最長の1年半）に，会計監査人の任期はどうなるでしょうか。いずれの場合も

「選任後1年以内に終了する事業年度」が消えてしまいます。

前者に関しては，定款変更時に任期が満了すると考えるか，定款を変更しなければ開催するはずだった平成X年12月の定時株主総会の終結時での期限である平成X年12月31日説が想定されますが，後者に関しては，判断に窮します。

この問題に関しては，最終的に，東京法務局から「会計監査人の選任（重任）の登記の留意事項について（通知）」（2法登1第1051号）が平成21年12月17日に発せられ，次のように取り扱われています。

「①事業年度を変更した後に会計監査人を選任（重任）した場合には，当該会計監査人に当初からその事業年度の終了までを任せていることになるから，変更後の事業年度が選任後1年以内に終了しないときでも当該事業年度に関する定時株主総会の終結の時に退任する。

②会計監査人を選任（重任）した後に事業年度を変更した場合には，選任時からその事業年度の終了までを任せていないことになるから，変更後の事業年度が選任後1年以内に終了しないときには，当該事業年度の変更の効力が発生した時点で退任する。」

会社法の趣旨は1事業年度をその会計監査人に委ねるというものでしょうから，東京法務局見解は正当だと考えます。

【実務Q＆A】

Q 取締役や監査役の任期については短縮規定があるのに（332条1項ただし書，336条3項），会計監査人については，会社法第338条に何らの規定がありません。このたび3月決算の当社では，4月の臨時株主総会で会計監査人を増員することにしましたが，任期満了時を統一することはできないのですか。

A 法定任期のため，定款での短縮は困難です。もっとも，翌年からは同時に任期満了退任いたします。

第6章

株式会社の計算

第45話　貸借対照表と損益計算書

第46話　株主資本の構造

第47話　減資ほか株主資本内部の振替行為

第48話　公告方法と決算公告

第49話　官報公告の知識

第50話　募集株式の発行等の計算

第51話　分配可能額

第52話　自己株式と分配可能額

第53話　分配可能額と欠損と損失

第54話　欠損てん補と損失処理の演習

第45話	貸借対照表と損益計算書

　会社の計算，特に会社計算規則について本を書ける人は，公認会計士及び税理士を含めても非常に少ない現状です。条文があまりに難解だからです。しかし，書いてある内容は極めて簡単であり，会計の専門知識は一切不要です。必要なのは，足し算と引き算と中学１年生程度の正負の知識です。

　その前に，社会人の方はご存知なことばかりだと思いますが，貸借対照表や損益計算書という計算書類の常識的知識からはじめましょう。

　まず１事業年度（３月決算なら，４月１日から翌年３月31日まで）の事業成績を表すものが損益計算書です。英語では，Profit and Loss Statementといい，PLと略すこともあります。

【損益計算書の構造】

（平成○年○月○日から平成○年○月○日まで）

項　　　　目	金　　　額
売上高	
売上原価	
売 上 総 利 益	
販売費及び一般管理費	
営　業　利　益	
営業外収益	
営業外費用	
経　常　利　益	
特別利益	
特別損失	
税引前当期純利益	
法人税，住民税及び事業税	
法人税等調整額	
当　期　純　利　益	

　損益計算書が事業年度の「期間の損益」を表すのに対し，貸借対照表は期末

「時点」の確定した財産状態（資産，負債，純資産の状態）を表すものです（計算規則73条から76条）。月次貸借対照表や中間期の貸借対照表は，目安に過ぎず，確定した貸借対照表とはいえません。

　貸借対照表は，英語で，バランスシート（BS）というように，下記の左側（資産）と右側（負債と純資産）の合計額は一致（バランス）していなければなりません。「資産＝負債＋純資産」あるいは「資産－負債＝純資産」ということです。

【貸借対照表の構造】

（資　産）	（負　債）
流動資産 固定資産 繰延資産	流動負債 固定負債
	（純資産） **株主資本** **評価・換算差額等** **新株予約権**

　資産と負債は現実の財産（負債も「消極的財産」）ですが，純資産は資産と負債の差額に過ぎず，現実に「純資産○○」というものが存在するわけではありません。また，「流動，固定」というのは，１年以内に現金化（流動化）する短期のものか，長期のものかという区別と思ってください。

　「負債」のことを「他人資本」ということがありますが（例：日本企業は伝統的に他人資本で運営しているので銀行の企業支配力が大きい，など），この言い方をすると，純資産は「自己資本」あるいは株主のものとして「株主資本」ということになります。

　「評価・換算差額等」は，ある種の有価証券の含み損益などのことで，新株予約権は新株予約権が有償で発行された場合や自己新株予約権の価格と思ってください。この２つは，資産・負債・株主資本のいずれかはっきりしないので，便宜，純資産の部に計上しているだけです。

　純資産の部の株主資本が会社法では重要であるため，別項目で説明します。

第46話　株主資本の構造

1．株主資本とは

　法務の世界で最も重要なのは，資本金や準備金等について計上されている株主資本です。この部分には，株主が出資した資本で構成される**払込資本**（資本金，資本剰余金）と，それを元手に営業活動した成果である**留保利益**（利益剰余金）で構成されています。具体的には，純資産の部の中で，次のような構造になりますが，重要部分のため，株主資本の構成（色刷部分）を記憶してください。

【純資産の部の構造】

株主資本	・・・・
資本金	・・・・
資本剰余金	・・・・
資本準備金	・・・・
その他資本剰余金	・・・・
利益剰余金	・・・・
利益準備金	・・・・
その他利益剰余金	・・・・
別途積立金	・・・・
繰越利益剰余金	・・・・
自己株式	△・・・
評価・換算差額等	・・・・
その他有価証券評価差額金	・・・・
新株予約権	・・・・

　株主資本については，「資本と利益」を分けて項目を立てます。1文字下がって記載している部分は内訳を意味します。**資本剰余金**は，資本準備金とその他資本剰余金に細分され，**利益剰余金**は利益準備金とその他利益剰余金に細分されます。

資本準備金の原資の中心は，増資（募集株式の発行）で払い込まれる金額（払込資本）であり（445条2項・3項），**利益準備金**は利益を配当する際に総額の10分の1が計上される場合です（445条4項，計算規則22条2項）。いずれも「準備金」という名のとおり，会社の業績が悪化した場合の欠損の補てんに充てるための予備資金としての性格を有します。法定の予備資金であるため資本準備金と利益準備金のことを「**法定準備金**」ともいいます。

その他資本剰余金の原資の中心は，資本金の額を減少した場合の差益や自己株式処分差益ですが，最近は吸収合併等で計上されることも増えました。この「**その他資本剰余金**」は，平成13年の改正商法以後に認められた勘定科目です。

なお，「差益」といわれると難しく感じますが（こういう用語に惑わされて計算が苦手になる人が多いようです），単なる余りものや儲けのことです。資本金の額から1000万円を減少して600万円を資本準備金に計上した余りの400万円や，簿価100万円の自己株式を120万円で処分した場合の残りもの（儲け）の20万円のことです。

その他利益剰余金は，払込資本を元手に営業活動で稼いだ成果であり，会社設立以来の繰越（又は累積）損益です（その一部を定款等の定めによって積み立てたものが法定準備金に対して**任意準備金**あるいは**任意積立金**といわれるものです。任意積立金という用語は会社法第452条に登場します）。

資本を元手に営業活動で稼いだ成果は，損失となることも多く，この場合は，その他「利益」剰余金という表現に抵抗を感ずることも多いでしょうが，その他利益剰余金という項目で，マイナス表示します（ただし，その期だけの場合は「当期純損失」といいます）。

なお，会社法では，「資本金，準備金（資本準備金と利益準備金），剰余金」という分類ですから，会社法でいう「剰余金」は，その他資本剰余金とその他利益剰余金のことであり，広義の意味の資本剰余金と利益剰余金のことではありませんので，ご注意ください。

自己株式は，株主から取得して自社所有株式としたものです。自己株式の取得・保有・処分が全面的に解禁になる前（平成13年10月改正商法施行前）は，

資産に計上していましたが，現在は，純資産の部に取得額をマイナスで計上することになっています。資産と評価されないという意味でしょう。

株主資本の項目で，マイナス（△表記が通常）で表記されるのは，その他利益剰余金と自己株式だけです。

なお，会社計算規則第2条第3項第30号に「株主資本等」につき「株式会社及び持分会社の資本金，資本剰余金及び利益剰余金をいう」とあり，自己株式が含まれていません。これは，自己株式の存在しない持分会社についての定義を含んでおり（「等」とは持分会社のこと），かつ，会社計算規則の条項に登場する「株主資本等」の意味であって，自己株式が株主資本の項目の1つであることを否定したものではありません。

2．純資産の部の二重構造

株主資本の資本勘定は株主の出資金額で，利益勘定は会社設立以来の会社の累積成果（損失ということもある）で，その合計結果である株主資本の額は，資産と負債の差額である純資産額に近似していますから，貸借対照表の純資産の部は歴史と現実の両方を表します。

これを例えていうならば，払込資本（主に資本金及び資本準備金）の合計額は銀行で預金通帳を作成したときの元本であり，現在の通帳残高が株主資本の合計額（多くの場合，純資産額）です。この差で，業績の良し悪しが判断することができます。純資産額がマイナスなら，債務超過会社になります。

【純資産の部の二重構造】

現在残高を表す 資産－負債	VS	累積事業成績の内訳を表す 資本勘定（資本金・資本剰余金） 利益勘定（利益剰余金）

これを私は純資産の部の二重構造と呼んでいますが，例えば，資本金1000万円で始めた会社（最初の貸借対照表は，資産の部に現金1000万円，負債0円，純資産の部に資本金1000万円）が最初の事業年度末日までに300万円を使って

何の成果もなかった状態は，次のようになり，最初の元手と現在残高を比較することができます。

現金 700万円	【資本金】 1000万円	→最初の元手
	その他利益剰余金 △300万円	
	【純資産】 700万円	→現在の残高

3．株主資本等変動計算書

　この株主資本を含む「純資産の部」の各勘定科目が当期首から当期末までの1事業年度期間にどう変化したかを表すのが貸借対照表，損益計算書に続く第3の計算書類である「株主資本等変動計算書」です。次のような構造です。

【株主資本等変動計算書の構造】

	株主資本					純資産合計
	資本金	資本準備金	…	…	新株予約権	
当期首残高						
期中変動額						
当期末残高						

　上記から推測できるとおり，株主資本の各項目の振替えなどが一目瞭然になります。例えば，資本金の額を500万円減少すれば，資本金の期中変動額が△500万円となり，減資差益の500万円がその他資本剰余金の期中変動額に計上されます。その他利益剰余金から100万円を株主配当（利益処分）として支払えば，その他利益剰余金（あるいは繰越利益剰余金）の期中変動額が△100万円となり，100万円が会社外に流失したことが分かります。旧商法時代の利益処分案の一部や損失処理案は，こうして会社法下の株主資本等変動計算書に吸収され，独立の計算書類としての役割を終了いたしました。

【実務Q＆A】

Q1　自己株式を現金100万円で取得したら，資産である現金との交換物ですから資産の部に計上すべきではないでしょうか。

A1　自己株式が例外的に認められている時代は，そのように計上していました。しかし，自己株式が全面的に認められ無視できない存在となっている現在，資産性を肯定してよいものでしょうか。流通に置かれれば価値が生じますが，自社が保有している限りにおいては，価値はなく，また，資本の払戻しという要素もあるため，株主資本の控除項目に計上することにしたのだと思われます。現金100万円で購入したのであれば，取得価額が帳簿価額ですから，株主資本のところに，「自己株式　△100万円」と計上されます。

　これにつき，現金100万円と交換したのだから，本来的には資産の部に計上するが，同時に等式の右側に移動させたので，符号が変わって計上されるのだと私は説明しています。中1数学の「移項すると符号が変わる」と同じです。

Q2　任意積立金など，その他利益剰余金の内容について，もう少しイメージがわくように説明してください。

A2　任意積立金（又は任意準備金）は，定款の規定や株主総会の決議により，利益を源泉として任意に設定した積立金であり，利用目的を限定した退職給与積立金，技術研究積立金，配当平均積立金，偶発損失積立金，修繕積立金など目的を定めて積み立てるものと，**別途積立金**など目的を定めないものがあります。いずれも，その他利益剰余金の1つであることに変わりはありません。単に，その他利益剰余金を「適当な名称を付した項目に細分」しただけです（計算規則76条6項）。積み立てないものが**繰越利益剰余金**です。

　その他利益剰余金は，会社設立以来の合計した損益ですから，その期の純利益あるいは純損失も当然に加わっています。

第6章　株式会社の計算　*163*

第47話　減資ほか株主資本内部の振替行為

１．資本の減少から資本金の額の減少に

　旧商法時代の「資本の減少」は，会社法では「資本金の額の減少」といいます（447条）。すなわち資本金として計上されている数字（計数）を減らすだけのことで，それ以上の意味はありません。

　資本金の額の減少分（減資差益）は，資本準備金にすると定めない限り，資本性の剰余金である「その他資本剰余金」になります。株主資本内部での振替行為に過ぎず，株主資本の合計額は変わりません。準備金の額の減少も，利益の資本組入れも同じです。剰余金内部の振替行為である別途積立金の取崩しも，損失の処理である「その他資本剰余金」から「その他利益剰余金」への振替行為も同じです。次の図のとおりです。

（株主資本内部の様々な振替行為）

	資本金の額の減少	準備金の額の減少	準備金の資本組入れ	利益の資本組入れ	剰余金の処分	
					別途積立金の取崩し	損失の処理
資本金	▲→		▲←	▲←		
資本剰余金						
資本準備金		▲→	▲←			
その他資本剰余金	▲←	▲→				▲→
利益剰余金						
利益準備金		▲→	▲←			
その他利益剰余金		▲←		▲←		▲←
別途積立金					▲→	
繰越利益剰余金					▲←	

２．振替行為のルール

　株主資本内部の計数の変更には，一定のルールがあります。

（1）減少は減少，増加は増加

上記では，準備金の資本組入れ，利益の資本組入れなどと旧商法時代の用語を使いましたが，会社法では，資本組入れは個別問題に因数分解され，「減少は減少，増加は増加」と表現します。資本準備金100万円を全額とも資本金に振り替えるのであれば，資本組入れといってよいでしょうが，80万円を資本金に振り替えて，残りの20万円は減少したままにする（その他資本剰余金の増加になる）ということもありますので，減少と増加を別々に捉えるわけです。

（2）資本と利益の峻別の原則

会計原則では「（広義の）資本剰余金と利益剰余金」の相互の振替を禁止しています。性質の異なるものは異なるように扱うというだけでなく，そのようにしないと，本当に利益や損失が出ているのかも分からなくなるからです。したがって，資本準備金を減少し，その直接の効果として，その他利益剰余金を増加させることも，利益準備金を減少し，その直接の効果として，その他資本剰余金を増加させることもできません。

この「資本と利益の峻別」は資本金には及ばず，利益準備金やその他利益剰余金を減少させて資本金の額を増加することが認められています。ただし，その逆に，資本金の額を減少させて，利益準備金やその他利益剰余金を増加させることは認められていません。

（3）損失の処理

この「資本剰余金と利益剰余金」の相互の振替禁止の原則に関し，「損失の処理」は例外になります。損失の処理とは，利益剰余金がマイナスのときに，そのマイナスをゼロにするまで，その他資本剰余金をその他利益剰余金に振り替えることです。資本と利益はお付き合いしてはいけないといっても，お隣りが火の車の際には，支援が認められるわけです。

この損失の処理は，赤字だらけの貸借対照表の見栄えをよくするためになされますが，その他資本剰余金が不足する場合には，資本金や資本準備金の額の減少がなされます。欠損てん補目的の資本金の額の減少の一場面ですが，これについては，別項目で，具体例で説明しましょう。

第6章　株式会社の計算　*165*

【実務Q＆A】

Q1　剰余金の処分とは，剰余金内部の科目間の振替行為をいうのですか。

A1　剰余金の処分は広義においては外部との関係である剰余金の配当や，剰余金以外の科目との振替まで含む概念です。

　会社法第452条に「損失の処理，任意積立金の積立てその他の剰余金の処分（前目に定めるもの及び剰余金の配当その他株式会社の財産を処分するものを除く。）」とありますが，このカッコ内も剰余金の処分ですから，次のとおりです。

　①剰余金の資本組入れ，剰余金の準備金組入れ（前目に定めるもの）

　②剰余金の配当ほか財産の処分を伴うもの

　③財産処分を伴わない損失の処理，任意積立金の積立てその他の処分

　狭義では，剰余金同士の関係である③のみをいうと理解してよいでしょう。この③の剰余金の処分方法は，次の3つを定めることになっています（計算規則153条）。振替行為が減少と増加に分解されています。

　一．増加する剰余金の項目

　二．減少する剰余金の項目

　三．処分する各剰余金の項目に係る額

Q2　資本金の額を減少したら，株数も減少しなければならないという方もいらっしゃいますが……。

A2　それは額面株式時代の古い発想です。額面株式時代は，例えば額面5万円株式を1000株発行したら，原則として資本金は5000万円にするなど「額面×株数＝資本金」の関係が基本でした。ここで，資本金を1000万円減少すると，この方程式が成り立たなくなるため，株数も200株減少する必要がありました。しかし，平成13年10月施行の改正商法で額面株式が廃止されたため，株数は株数，資本金は資本金で別の問題になりました。会社法の下でも，資本金の額の減少は株数とは無関係ですから，株数を減少したければ，株式の併合や自己株式の消却を別に決議しなければなりません。

166

第48話　公告方法と決算公告

1．公告方法

　会社の公告の方法，すなわち株主や債権者等に対する情報開示方法は，定款の記載事項であり（記載されていない場合は官報とされる。939条4項），登記事項です（911条3項28号以下参照）。

　公告の方法には，①官報，②時事に関する日刊新聞紙，③電子公告の3つがありますが（939条1項），非公開中小企業は，公告費用が一番安価な官報，上場会社は電子公告が多く，紙の時代からインターネットの時代に変わった現在，費用の係る日刊新聞紙を公告方法とする会社は年々減少しています。

　なお，電子公告の場合は自社のホームページ（HP）等に開示するだけですから，費用はかかりませんが，登記申請の添付書類として必要な公告（合併公告など）の際は，法律に従って公告をしているかと法務省に登録された電子公告調査機関の調査を受け，その証明が必要になります。

（3種類の公告方法の登記記録例）

公告をする方法	官報に掲載してする
公告をする方法	日本経済新聞に掲載して行う
公告をする方法	電子公告の方法により行う。 http：／／www. ………co. jp／ 当会社の公告は，電子公告による公告をすることができない事故その他のやむを得ない事由が生じた場合には，官報に掲載してする。

　表現の方法として，官報に掲載「する」か「してする」か「して行う」かなどは定款の記載表現次第です。「東京都において発行する日本経済新聞」と地域の限定も可能です。

　電子公告の場合は，定款にURLまでは定める必要はありません。代表取締

役が定めて，登記する際は，登記の委任状に記載することで足ります。なお，登記では，半角での記載は認められません。実際の官報公告や電子公告は，インターネットでみられますので，検索してください。

２．決算公告

　決算公告の場合も，定款に定める公告方法によるのが原則ですが，例外として，上場会社のように有価証券報告書を提出する会社では，決算公告以上に詳細な情報を開示しているため，公告の必要がありません（440条４項）。また，決算公告自体ではありませんが，公告方法が「官報」又は「日刊新聞紙」の会社で，有価証券報告書を提出する必要のない会社に限り，会社法第440条第３項により，会社のHPなどに貸借対照表等を開示する措置をとれば，やはり決算公告の必要がありません。この場合も登記事項です（911条３項27号）。有価証券報告書提出会社になったときは，不要になったこの登記を抹消しなければなりません。

　こうして決算公告及びその代用の方法には，紙による開示方法（官報又は日刊新聞紙）と，電子による開示方法（一般の電子公告と決算公告だけの電子公告）の２種類がありますが，一番大きい差は，紙の場合は掲載スペースが限られるのに対し，電子の場合は掲載分量に制限がないということでしょうか。その結果，前者では，貸借対照表の「要旨」の開示で済みますが（440条２項），電子の場合は，細かい注記まで必要です。この注記を漏らしたまま会社のHPに開示している会社が少なくありませんので，お気を付けください。

　なお，会社法第440条第１項に「大会社にあっては，貸借対照表及び損益計算書」とあるため，大会社でない限り，損益計算書につき，開示する必要がありません。しかし，損益計算書の結果である当期純損益については，電子公告の場合は注記に記載し（計算規則136条），官報や日刊新聞紙の貸借対照表の要旨の公告の際には，付記することになっています（計算規則142条）。

| 第49話 | 官報公告の知識 |

1. 株主向け公告と債権者向け公告

公告は相手方によって，次のような特徴がありますので，会社法の条文でご確認ください。

①株主に向けた公告は，株主への通知の代用である。よって，条文では原則として「通知又は公告」となる。この公告は登記の添付書面とはならない。会社内部の手続上の問題だからである。株券提出や株券廃止の手続のように「公告かつ通知」とあるときは，公告が添付書面となる。株券関係の公告である。

また，名義書換していない株主が存在するという前提の場合は，公告が必須となる。早く名義書換しないと権利を失うことを知らしめる基準日公告（124条3項。株式分割の公告を含む。183条2項1号）がこの例だが，やはり，会社内部の手続上の問題として，登記の添付書面とはならない。

②投資家や取引先，就職予定者など，不特定多数に向けた公告は，公告が必須となる。これは決算公告のことである。

③債権者に向けた公告は，債権者が定款の定めに拘束されないため，必ず官報となり，「公告かつ催告」となる。解散公告や資本金の額の減少・合併等の債権者異議申述公告がこの例である。このうち，債権者異議申述公告は登記の添付書面となる。債権の申出を求める公告である解散公告は，債権者異議申述公告ではないため，登記でも添付を要しない。

2. 債権者異議申述手続と貸借対照表

資本金の額の減少や合併などにおける債権者に対する「異議があったら1か月以内に述べよ」という債権者異議申述公告及び催告においては，「計算書類に関する事項として法務省令で定めるもの」も一緒に示さなければなりません（449条2項2号，789条2項2号，799条2項3号）。催告代用の日刊新聞紙や電子公告においても同様です（この公告を「ダブル公告」ということがありま

す）。その「計算書類に関する事項」を要約すると，次のような内容です。

【債権者異議申述手続における計算書類に関する事項】

イ．官報で公告をしているときは，当該官報の日付及び当該公告が掲載されている頁

ロ．日刊新聞紙で公告をしているときは，当該日刊新聞紙の名称，日付及び当該公告が掲載されている頁

ハ．電子公告により公告をしているときは，そのURL

ニ．会社法第440条第3項に規定する措置を執っている場合は，そのURL

ホ．有価証券報告書提出会社である場合は，金商法の規定によって有価証券報告書を提出している旨

ヘ．決算公告が不要な特例有限会社である場合は，その旨

ト．最終事業年度がない場合は，その旨

チ．清算株式会社である場合は，その旨

リ．上記以外の場合は，会社計算規則第6編第2章の規定による貸借対照表の要旨

　具体的に，どのようなものかは，インターネットの官報や，その最初の頁にある国立印刷局の小冊子「会社法　法定公告について」でご確認ください。

　この小冊子には，さまざまな公告の見本が掲載されており，実際の公告はこれに準拠しています。登記所において無料で配布していることがありますので，登記所を訪れた際は，パンフレットのところを探してください（蛇足ですが，私は，この公告文案の原案作成者です。小冊子最終頁参照）。

　その小冊子をみればお分かりのとおり，原則は，文章公告の横に貸借対照表の要旨を掲載するのですが（これを「同時公告」などということがあります），決算公告等をしている場合は，便宜，その公告場所を示すことで足ります。

　なお，文章だけの公告は，官報の本紙に掲載され，依頼してから1週間程度で掲載されますが，決算公告，貸借対照表入り債権者異議申述公告，債権者向け解散公告は号外に掲載され，依頼してから2週間程度で掲載されます。

【実務Q＆A】

Q1 官報の号外で，「同時公告」を拝見しました。「貸借対照表の要旨」ではなく，「第○期決算公告」となっていましたが，これは決算公告ではないと思いますが………。

A2 日刊新聞紙や電子公告で決算公告をしていない場合でも，この方法を採用するわけですから，ご意見のとおりであり，法定の決算公告ではありません。これをしたからといって，決算公告義務が免れるわけではありません。ただし，定款に定める公告方法が官報（で大会社でない）場合は，決算公告をしたことになります。

Q2 「同時公告」の場合は，催告書にも「貸借対照表の要旨」を掲載するのですか。

A2 そのとおりで，公告だけの要請ではありません。催告にあたり知れたる債権者に決算内容を示したくない場合は，決算公告を先行させることです。また，定款に定める公告方法が官報の会社が同時公告で決算公告したことになる場合には，その同時公告の掲載頁を催告書に記載することで足ります。

Q3 当社は3月決算の上場会社で，5月中旬に決算が確定しています。その後6月末に有価証券報告書を提出するまでの間は，「有価証券報告書提出済み」と記載することができないのですか。

A3 できません。会計監査人設置会社では，計算書類につき株主総会の承認決議が不要のため（439条），このような事態が生じますが，原則に戻って「同時公告」することになります。

Q4 特例有限会社から株式会社に移行済みです。最終確定貸借対照表は有限会社時代ですから，「公告義務はありません」と記載すればよいのですか。

A4 公告時点で株式会社ですから，その方法は採用することができません。原則に戻って，同時公告方式になります。

第6章　株式会社の計算　*171*

> **第50話**　募集株式の発行等の計算

1．新株発行と自己株式処分の個別の計算

　会社法では，「取引」の発想で物事を考えることです。

　新株の発行は，新株式の売却と考えて，原価がゼロだから，対価として取得した出資額の全額が会社の儲け又は会社財産の純増加額になります。この純増加額が**資本金等増加限度額**（資本金と資本準備金の合計額，計算規則13条）で，この半分以上を資本金に計上しなければなりません（445条1項・2項）。

　自己株式の処分は，原価である自己株式の帳簿価額（以下，簿価と略す）より対価として得た出資額が上回れば，自己株式処分差益（会社財産の純増加額）が「その他資本剰余金」の増加となり，下回れば，自己株式処分差損が「その他資本剰余金」の減額になります。会社計算規則第14条第2項第1号ですが，とりあえずは覚えてください。

2．新株式と自己株式が併用された場合

　新株の発行も新株式の売却と考えれば，自己株式の処分と同じであるため（流通株式の増加である点も同じ），会社法第199条は両者を統合したわけですが，両者が併用された場合に，資本金等増加限度額は金何円かというと単純ではありません。

　ここでは，具体例（1株1万円，新株式80株，自己株式20株の合計100株の募集で合計100万円を調達）で結論だけ話します。100万円の内訳は，新株式80万円，自己株式20万円です。

（1）自己株式20株の簿価が10万円の場合（自己株式処分差益の場合）

　　　　新株式の発行で80万円。

　　　　自己株式の処分で差益10万円（自己株式分の入金額は20万円 − 自己株式簿価10万円）。

　この場合は，80万円が資本金等増加限度額（資本金と資本準備金）になり，

自己株式処分差益10万円がその他資本剰余金に計上されます。新株と自己株式を個別に計算した場合と同様の結論になります。

（2）自己株式20株の簿価が30万円の場合（自己株式処分差損の場合）

　　　新株式の発行で80万円。

　　　自己株式の処分で差損10万円（入金20万円－自己株式簿価30万円）。

　この場合は，1個の株式募集行為で，ある資本勘定は増額され，ある勘定は減額されるというのは妥当ではないため，まとめて計算し，1個の株式募集行為（取引）による会社財産の純増額（儲け又は差益）は70万円であり，これが資本金等増加限度額です。35万円以上を資本金に計上しなければなりません。

（3）自己株式20株の簿価が120万円の場合（自己株式処分差損が大きい場合）

　　　新株式の発行で80万円。

　　　自己株式の処分で差損100万円（入金20万円－自己株式簿価120万円）。

　この場合は，1個の株式募集行為（取引）で差し引き20万円の損失で，その他資本剰余金から20万円が控除されます。もちろん，資本金等増加限度額はゼロで，資本金を1円も増やせません。

2．計算規則14条1項の解読

　募集株式の発行等に関する会社計算規則第14条第1項は実に難解な規定です。その理由は，新株式の発行と自己株式の処分が併用された場合まで，まとめて規定しているためです。こういう難解な規定を目にしたときは，概要を掴むために，かっこ部分等を削除し，条文を簡略化することです。そうすると，次のようになります。

（計算規則第14条第1項の簡略化）

　募集株式を引き受ける者の募集を行う場合には，資本金等増加限度額（注：資本金と資本準備金の合計額）は，第1号及び第2号に掲げる額の合計額から第3号に掲げる額を減じて得た額に株式発行割合を乗じて得た額から第4号に掲げる額を減じて得た額とする（ゼロ未満はゼロ）。

　一　払込みを受けた金銭の額

二　現物出資財産の給付を受けた場合にあっては，その価額

（三　株式会社が資本金等増加限度額から減ずるべき額と定めた額）

四　自己株式の帳簿価額から自己株式処分割合額を控除した額（ゼロ以上に限る）

　　3号は会社計算規則の附則第11条でゼロ扱いですから，除外して考えて差し支えありません。そうすると，「1号の金銭と2号の現物の<u>合計出資額に新株式発行割合を乗じて得た額から自己株式処分差損を控除した額</u>」となります。<u>自己株式処分差損は「自己株式の帳簿価額－合計出資額×自己株式処分割合」のこと</u>ですから，以上は，次のように改変することができます。

　　合計出資額×株式発行割合－（自己株式の帳簿価額－合計出資額×自己株式処分割合）

＝合計出資額×株式発行割合＋合計出資額×自己株式処分割合－自己株式の帳簿価額

＝合計出資額×（株式発行割合＋自己株式処分割合）－自己株式の帳簿価額

＝合計出資額×（1）－自己株式の帳簿価額

＝<u>合計出資額－自己株式の帳簿価額</u>

　　要するに，会社に入ってくる額（合計出資額）から出て行く額（自己株式の簿価）を控除した正味の増加額を計算しているだけのことです。売上から原価を控除した儲けの計算そのものです。自己株式処分差損が生じる場合の会社法第445条第1項の「株式の発行に際して株主となる者が当該株式会社に対して払込み又は給付をした財産の額」とは，グロスの合計出資額ではなく，ネットの正味出資額だというわけです。

3．計算規則14条1項の裏側

　「合計出資額－自己株式の帳簿価額」が負の値になる場合です。これについては計算規則第14条第2項第1号が規定しており，資本金や資本準備金は増やせず，「その他資本剰余金」の増減が生じますが解説は省略します。

【実務Q＆A】

Q1 第1号議案で，新株80株発行の件を可決し，第2号議案で自己株式20株の処分の件を可決した場合でも，一括計算が可能ですか。

A1 議案を分けても，払込期日等が同じであれば，可能です。新株は新株，自己株は自己株の個別計算も可能です。

....

Q2 新株81株，自己株式10株の場合は，株式発行割合が「81÷91」で割り切れませんが。

A2 そういうこともあるので，株式発行割合を計算せずに済む私の算式に有利性があります。もっとも，計算せずに，そのまま「81／91」としておけば，「合計出資額×株式発行割合」で分母が消え整数になります。

....

Q3 当社には，その他資本剰余金が計上されておりません。このたび，自己株式処分差損が100万円生じたのですが，「その他資本剰余金　△100万円」という計上でよろしいのですか。

A3 期末までに，その他資本剰余金が増えることもあるでしょうから，その方法でかまいません。期末の時点でも負の値のときは，会計基準により，その他利益剰余金に振り替えて，その他資本剰余金をゼロにしなければならないとされています。資本勘定に負の値はあり得ないからです。

....

Q4 債務超過事業を現物出資し，新株が発行される場合もあると聞きましたが……。

A4 親会社が子会社に債務超過事業を出資する場合は，親子間（同一企業グループ間の取引）のため，事業の価値とは無関係に簿価での移転となりますから，形式的には，マイナスの出資に対して新株が発行されることになります。この場合は，出資額がその他利益剰余金の減額になります（計算規則14条2項2号）。なお，同一企業グループ間であることを**共通支配下関係**といいます（計算規則14条1項2号イ）。同じ屋根の下という意味合いでしょうか。

第6章　株式会社の計算　*175*

第51話　分配可能額

1．剰余金と分配可能額

　会社法第445条第4項に「剰余金の配当をする場合には，株式会社は，法務省令で定めるところにより，当該剰余金の配当により減少する剰余金の額に10分の1を乗じて得た額を資本準備金又は利益準備金（以下「準備金」と総称する）として計上しなければならない」とあります。この剰余金とは，その他資本剰余金とその他利益剰余金のことです。資本性の剰余金であるその他資本剰余金も株主配当に回せるわけで，実例も少なくありません。

　このように，会社法では，「資本金，準備金（資本準備金と利益準備金），剰余金」という区別しかありません。

　会社計算規則の配列を会社法流に並べ替えますと，下記のようになります。

【会社計算規則の配列】

株主資本	・・・
資本金	・・・
資本剰余金	・・・
資本準備金	・・・
その他資本剰余金	・・・
利益剰余金	・・・
利益準備金	・・・
その他利益剰余金	・・・
自己株式	△・・

並べ替え →

【会社法の配列】

株主資本	
資本金	
準備金	
資本準備金	
利益準備金	
剰余金	
その他資本剰余金	分配可能額
その他利益剰余金	
自己株式	

　会社法の配列は，拘束性の差です。すなわち，資本金や準備金は原則として債権者保護手続を経ないと取り崩すことができないが，剰余金は株主総会の決議だけで，いつでも株主配当に回したり，別途積立金に計上したりすることができます。これを私は，資本金や準備金は定期預金であって銀行の承諾がない

と取り崩せないが，剰余金は普通預金であって，いつでも取り崩すことができると説明しています。

剰余金は，株主配当だけでなく，自己株式の取得財源にもなります（461条1項）。いま，剰余金が1000存在し，自己株式の取得として300を使った場合は，あと剰余金はいくら残っているでしょうか。700といいたいところですが，そうすると，自己株式の300を計上することができません。そこで「剰余金1000」はそのままに「剰余金／1000，自己株式／△300」と計上し，差し引きの700が分配可能額だと会社法は説明しています。つまり，**分配可能額**とは，株主に分配することができる限度額であって，剰余金から自己株式の帳簿価額（300であり，△300ではない）を控除したものだと覚えてください。「分配」とは残余財産の分配と同じく，株主との関係で使う用語です。

2．分配可能額の計算

分配可能額の計算については，会社法第461条第2項が規定しています。

▲会社法第461条第2項の抜粋・要約

「分配可能額」とは，第1号及び第2号に掲げる額の合計額から第3号から第6号までに掲げる額の合計額を減じて得た額をいう。

　　一　剰余金の額

☆二　臨時計算書類につき第441条第4項の承認（略）を受けた場合における次に掲げる額（略）

　　三　自己株式の帳簿価額

　　四　最終事業年度の末日後に自己株式を処分した場合における当該自己株式の対価の額

☆五　第2号に規定する場合における第441条第1項第2号の期間の損失の額として法務省令で定める各勘定科目に計上した額の合計額

☆六　前3号に掲げるもののほか，法務省令で定める各勘定科目に計上した額の合計額

このうち，2号と5号の臨時決算は実例がほとんどありませんので無視し，6号も細かい内容なので省略いたしますと（☆部分がないものとして計算すると），「分配可能額＝剰余金－自己株式簿価－（期末後の）自己株式対価額」となりますが，期末後に自己株式を処分しなかったとすると，「**分配可能額＝剰余金－自己株式簿価**」となりますので，これで覚えておきましょう。

なお，この場合の「剰余金の額」は現在の貸借対照表の剰余金の額ですが，減資や合併，自己株式の処分などが行われない限り，貸借対照表の剰余金額は動きませんので，確定貸借対照表に計上された剰余金額と思っても，大きな支障はありません。

3．期中の損益（資本取引と損益取引）

ここで，賢明な皆様は，減資や合併，自己株式の処分以外でも，営業活動している限り，期中の利益や損失が生じますので，剰余金額は始終変動しているというべきではないかと考えたことでしょう。

これは，資本取引と損益取引の差です。資本取引が何を意味するかは不明確ですが，ここでは，直接，株主資本（利益剰余金を含む）を増減変化させる取引又は行為，言い換えれば，損益計算書を通さない行為として使っています。減資や合併，自己株式の処分，剰余金の配当などがこれに当たります。

損益計算書を通して生じる期間損益は，期末の確定貸借対照表の繰越利益にしか影響しません。当期純損益が生じるのは期末に限られるからです（計算規則29条1項2号）。だからこそ，会社法第446条第2項第2号・第5号が臨時決算すれば，損益計算書上の期中の期間損益を分配可能額の計算に反映させてよいと規定しているのであって，それでも貸借対照表の剰余金自体に計上しているわけではありません。月次貸借対照表などは，本来の貸借対照表ではないのです。

ちなみに，損益計算書では，利益・損失といいますが，資本取引では差益・差損と表現することが多いようです。合併差益，自己株式処分差益，資本金の額の減少差益など。

第52話　自己株式と分配可能額

1．自己株式の取得と分配可能額

　分配可能額は，株主への配当や株主からの自己株式取得の財源規制ですから，分配可能額の範囲内でしか自己株式を購入することができないこと，自己株式を取得すると剰余金は減少せずに，分配可能額が減少することは説明済みです。

　「分配可能額＝剰余金－自己株式」

という基本の算式において，自己株式が増えれば，剰余金は不変でも，分配可能額が減少するわけです。

2．自己株式の処分と分配可能額

　会社法第461条第2項によると，分配可能額は，臨時決算しない場合を前提とすると，おおよそ「分配可能額＝剰余金－自己株式簿価－自己株式対価額」だと説明しましたが，なぜ「最終事業年度の末日後に自己株式を処分した場合における当該自己株式の対価の額」を控除するのでしょうか。

　結論からいいますと，分配可能額を増やす操作が可能になるからです。

　期末時点の「分配可能額(A)＝剰余金(B)－自己株式簿価(C)」において，期末後に自己株式を処分すると，控除すべきCが大きく減少し，Bに自己株式処分差損益を加算・減算しても，結果的にAが増大してしまうため，「分配可能額＝剰余金(自己株式処分の差損益を含む)－(自己株式簿価＋自己株式対価額)」とし，自己株式を処分しなかったのと同様にしようという配慮です。

　例で計算してみましょう。期末時点で，

　分配可能額（700）＝剰余金(1000)－自己株式簿価（300）

とします。

　自己株式の全部を400（これが自己株式対価額です）で処分すると，自己株式処分差益は100ですから，剰余金が100増加し，

　分配可能額＝(1000＋100)－0＝1100………①

となります。

　自己株式の全部を200（自己株式対価額）で処分すると，自己株式処分差損は100ですから，剰余金が100減少し，

　　分配可能額＝（1000－100）－ 0 ＝900‥‥‥‥②

となります。

　つまり，自己株式の処分結果が差益であろうと差損であろうと，分配可能額は増加してしまいます。この操作を防止するため，自己株式対価額をもとに戻して，分配可能額に影響しないようにしたわけです。①の1100から自己株式対価額400を控除すると700，②の900から自己株式対価額200を控除すると700であり，自己株式を処分しなかったのと同じ分配可能額に戻ります。

２．自己株式の消却と分配可能額

　自己株式の消却とは自己株式をこの世から消してしまうことです。株式の死亡です。

▲会社法第178条（自己株式の消却）

　１項：株式会社は，自己株式を消却することができる。この場合においては，消却する自己株式の数（種類株式発行会社にあっては，自己株式の種類及び種類ごとの数）を定めなければならない。

　２項：取締役会設置会社においては，前項後段の規定による決定は，取締役会の決議によらなければならない。

　自己株式の消却は，会社法第178条第２項のとおり，取締役会設置会社の場合は取締役会で決議すれば足りますが，非取締役会設置会社の場合は，株主総会説と取締役の過半数の一致説の２つがあります。これは，取締役会が存在するときは代表取締役に決定させてはならないという趣旨ですから，非取締役会設置会社では取締役の過半数の一致でよいというべきです。実務も同じです。

　非取締役会設置会社の株主総会は万能の決議機関のため（295条１項），取締役の過半数の一致に「よらなければならない」と規定しては不都合のため，規

定が省略されたに過ぎないと考えます。

さて，例えば，「分配可能額(700) ＝ 剰余金(1000) － 自己株式簿価(300)」のとき，自己株式全部を消却したとき，自己株式300が自己株式ゼロになるのは当然として，消えた300につき，何らかの会計処理をしないと，貸借対照表のバランスが合いません。これについては，自己株式は資本勘定の1つと考えられますから，その他資本剰余金が300減額すると処理されます（計算規則24条3項）。結果的に，「分配可能額 ＝ 剰余金(1000 － 300) － 自己株式簿価(300 － 300)」となり，分配可能額は不変だということになります。

▲会社計算規則第24条（自己株式と会計処理）

1項：株式会社が当該株式会社の株式を取得する場合には，その取得価額を，増加すべき自己株式の額とする。

2項：株式会社が自己株式の処分又は消却をする場合には，その帳簿価額を，減少すべき自己株式の額とする。

3項：株式会社が自己株式の消却をする場合には，自己株式の消却後のその他資本剰余金の額は，当該自己株式の消却の直前の当該額から当該消却する自己株式の帳簿価額を減じて得た額とする。

【実務Q＆A】

Q1 自己株式の会計は，その他資本剰余金とセットで理解したほうがよさそうですが，いかがですか。

A1 そのとおりです。その他資本剰余金が表で，自己株式が裏の関係です。裏が消えると表に出てきます。

Q2 株式を発行するときは資本金が増えるのが原則ですから，自己株式を消却したら，資本金額が減少するという考え方はないのですか。

A2 株式発行契約の解除と考えれば，ご意見はもっともですが，資本金額は債権者保護機能をも営むため，厳格な手続なくして減少いたしません。その代わり，同じ資本勘定のその他資本剰余金を減少させるとお考えください。

第6章　株式会社の計算　*181*

第53話　分配可能額と欠損と損失

1. 欠損とは何か

　準備金というのは，欠損のてん補に充てるための予備資金だと説明しました。したがって，定時株主総会で欠損の範囲内での準備金の額の減少は，債権者保護手続が不要です（449条1項）。これは旧商法時代も同じでした。

　「欠損の額」については，会社計算規則第151条が規定しています。

▲会社計算規則第151条（欠損の額）

　法第449条第1項第2号に規定する法務省令で定める方法は，次に掲げる額のうちいずれか高い額をもって欠損の額とする方法とする。

　一　零

　二　零から分配可能額を減じて得た額

　すぐに意味がつかめたでしょうか。まるで，クイズです。

　分配可能額が仮に△500万円であったら，「0 −（−500)」で欠損の額は「500万円」になります。要するに，分配可能額がマイナスのとき，これを欠損といい，そのマイナスの符号をとった値を「欠損の額」というだけの話です。正負の概念を使わずに定義すると，こういう表現になるのでしょう。

　分配可能額が負であるということは，「株主資本＜資本金＋準備金」のことですから，払込資本を食い潰している業績の悪い状態だということになります。昔は，これを「資本の欠損」と表現したものです。

2. 欠損と損失

　欠損と損失は，意味が相違するので気を付けてください。欠損は，分配可能額がマイナスで，資本金や準備金を食い潰している貸借対照表上の「株主資本＜資本金＋準備金」の状態で，損失は利益に対する用語のため，その他利益剰余金に関する概念で，その他利益剰余金が負である状態です。

下記の①②③で検討してみましょう。

(単位：千円)

（株主資本）		①	②	③
資本金		5,000	5,000	5,000
資本剰余金		—	2,000	500
その他資本剰余金	A	—	2,000	500
利益剰余金		1,000	△1,000	△1,000
その他利益剰余金	B	1,000	△1,000	△1,000
自己株式	C	△2,500	△500	△500
欠損の判定（A＋B＋C）は→		△1,500	500	△1,000

　分配可能額は，原則として「剰余金（AとB）－自己株式簿価（C）」で計算しますから，①は△1500（以下，単位省略），②は500，③は△1000です。分配可能額が負である①と③が欠損です。その他利益剰余金だけでみますと，②と③が負の値で，これが損失です。①は欠損だが利益，②は欠損ではないが損失，③は欠損で損失となります。欠損の①と③は「株主資本＜資本金＋準備金」です。欠損とは，こういう状態をいい，損失の概念とは異なるわけです。

３．欠損のてん補と損失処理

　欠損のてん補とは，欠損でない状態にすることですから，③で資本金の額を1000減少し，その他資本剰余金に振り替えますと，その他資本剰余金1500，その他利益剰余金△1000，自己株式△500で，合計０になり，欠損がてん補されました。損失のその他利益剰余金△1000は，そのままでかまいません。

　<u>損失の処理というのは，その他資本剰余金で，その他利益剰余金の赤字を埋めること</u>ですから，この例でいえば，減資で増えたその他資本剰余金のうち1000をその他利益剰余金△1000に振り替えて，その他利益剰余金を０にすることです。なお，日常用語あるいは一般的使用法では，この損失処理まで含んで，欠損のてん補ということが多いので，混乱しないようにしましょう。

第6章　株式会社の計算　*183*

第54話　欠損てん補と損失処理の演習

1．欠損てん補を目的とした議案

　日常用語では，欠損てん補も損失処理も，ほぼ同義に用いられることが少なくありません。損失を処理するために欠損のてん補を行うのが通常だからです。そして，欠損てん補のために行われるのが，資本金の額の減少や準備金の額の減少です。

　実際には，次のような過程を経ます。

　①業績が底を打って，今後は利益を出せる状態になった（こういう状態でないと，せっかく欠損をてん補しても，翌年また欠損のてん補を考えねばなりません）。そこで，欠損をてん補しようと決意する。

　②欠損のてん補（及び損失の処理）のため，剰余金（その他資本剰余金）を増加しよう。そのために，債権者保護手続が不要な準備金の額の減少を定時株主総会で決議しよう。

　③しかし，準備金を全額取り崩しても，まだ欠損状態だから，同時に資本金の額も減少しよう。定時株主総会で欠損の範囲内で減少を決議するには普通決議で済むが（309条2項9号），大株主も同意してくれているので，特別決議も可能だから，資本金額を切れ目よく減少しよう。

　以上の検討を経て，定時株主総会の議案は，次のようになります。

　　第1号議案　準備金の額の減少の件

　　　　　　（効力発生日は定時株主総会の決議日が最短の日になります）

　　第2号議案　資本金の額の減少の件

　　　　　　（債権者保護手続の関係で，効力発生日は1か月以上先）

　　第3号議案　剰余金処分の件

　　　　　　（2号議案の効力発生を条件に，損失処理を決議）

　もちろん，第1号議案と第2号議案をまとめて「資本金及び資本準備金の額の減少の件」として，両者まとめて債権者保護手続にかけることも可能です。

184

２．想定事例

　当社（Ａ株式会社）の平成○年３月期の「純資産の部」は，下記になる予定
です。きたる６月27日開催予定の定時株主総会において，これを確定させると
同時に，資本金の額を1000万円，資本準備金の額を全額（2000万円）取り崩し
て，欠損のてん補に充当したいと考えております。定時株主総会での決議のた
め，債権者異議申述公告は「資本金及び準備金の額の減少公告」とせずに，
「資本金の額の減少公告」だけにする前提で，アドバイスをお願いします。

（単位：千円）

株主資本	25,000
資本金	30,000
資本剰余金	20,000
資本準備金	20,000
利益剰余金	△25,000
その他利益剰余金	△25,000

　解答　次の表の①→②→③となります（★は変化した箇所）。③の段階で，
すでに欠損は解消しています。

	①当初	②準備金 取崩し	③資本金 取崩し	④損失処理
株主資本	25,000	25,000	25,000	25,000
資本金	30,000	30,000	★20,000	20,000
資本準備金	20,000	★ －	－	－
その他資本剰余金	－	★20,000	★30,000	★500
その他利益剰余金	△25,000	△25,000	△25,000	★ －

（注）株主資本は一切変化しません。いずれも内部の振替行為に過ぎません。

　解説　上記①の表で欠損額（分配可能額）を計算します。分配可能額は，
「その他資本剰余金０円＋その他利益剰余金△2500万円＝△2500万円」となり，

この負の符号をとった2500万円が欠損の額になります。

まずは，定時総会で資本準備金2000万円を取り崩します。資本準備金を取り崩すと，取崩し分につきその他資本剰余金が増加しますが，欠損の範囲内での取崩しであれば，債権者保護手続は必要なく，決議と同時に効力を生じます。

次に，債権者保護手続完了後に資本金の額を切れ目のよい1000万円を減少します。資本金額の取崩しは，必ず1か月以上の債権者保護手続が必要であり，それが終了し，資本金1000万円減少後のA社の状況は，上表の③のようになります。これで，分配可能額は，「その他資本剰余金3000万円＋その他利益剰余金△2500万円＝500万円」となり，欠損状態が解消されました。欠損のてん補が完了したということです。欠損のてん補だけのためであれば，500万円の取崩しで済みますが，資本金額を切れ目のよい2000万円にしてみました。

最後に，損失の処理として剰余金の処分を実行します。損失の処理は，「その他資本剰余金を負のその他利益剰余金に振り替えること」ですから，2500万円を振り替えると，上表の④のようになります。

以上で，見栄えのよい貸借対照表になりました。ただし，確定貸借対照表ではなく，定時株主総会以後に作成する月次貸借対照表のことです。これによって，取引も有利になります。

【実務Q＆A】

Q 議案の立て方ですが，「準備金の額の減少の件」「資本金の額の減少の件」「剰余金処分の件」と3つに分けないといけないのですか。

A 議案の立て方には決まりがありませんので，中には「資本金及び準備金減少の件」として，議案の説明の中で，欠損てん補（や損失処理）を目的としていることを記載した会社もあります。しかし，それぞれ根拠条文も異なり，準備金の減少は普通決議，資本金の減少は特別決議，貸借対照表の計数の変動である剰余金の処分も株主総会の決議事項であることを考えますと，別議案にすべきであると考えます。

第7章

定款変更, 事業譲渡, 解散・清算

第55話　取締役会で決議できる定款変更ほか

第56話　事業の譲渡と現物出資

第57話　株式会社の解散事由と期限付解散

第58話　清算株式会社と取締役会

第55話　取締役会で決議できる定款変更ほか

1．株主総会決議が不要な定款変更

　会社の根本規則である定款の変更には，原則として株主総会の特別決議（出席議決権の3分の2以上の賛成）が必要ですが（466条，309条2項11号），例外として，次の場合は，株主総会の決議が必要とされていません。いずれも株主に不利益を与えないことが根拠です。

　①株式分割の比率に応じて発行可能株式総数を増加する場合（184条2項）。ただし，「現に2以上の種類の株式を発行している」場合は，認められません。

　②株式分割の比率に応じて1単元の株数を増大・設定する場合（191条）。

　③1単元の株数を減少・廃止する場合（195条）。

　会社法の条文では，③については「取締役の決定（取締役会設置会社にあっては，取締役会の決議）によって」とありますが，①と②については「株主総会の決議によらないで」とあるだけで，決定機関については法定されていません。しかし，①と②についても，重要な定款の変更であることに鑑み，取締役の過半数の一致（取締役会設置会社にあっては，取締役会の決議）によると解釈されています。

　上記の①と②については，取引単位を1株とする上場会社が，1株を100株に分割し，1単元100株と定める売買単位の集約化の際に実行されることが多かったといえます。

2．1単元1株

　取締役の決定（取締役会設置会社にあっては，取締役会の決議）によって，1単元の株数を減少・廃止する場合（195条）に関連して，1単元1株と定められるかという問題があります。

　1単元1株では，1株1議決権と同じ効果しかなく無意味ですが，実務は肯定しており，実例もあります。近い将来に，1単元100株と定めるかもしれま

せんから，単元株式数の定めを廃止しなかっただけかもしれませんし，そもそも定款に無意味な定めを置いてはいけないという規定もありません。定款によくある定めとして「当会社の株式については，株券を発行しない」，「臨時株主総会は，必要に応じて招集する」など，多数の無意味な定めがあるとおりです。

３．その他の取締役会の決議でできる株主総会決議事項

　会社法第184条第２項等では，「株主総会の決議によらないで………<u>することができる</u>」，「取締役の決定（取締役会設置会社にあっては，取締役会の決議）によって………<u>することができる</u>」と株主総会の決議による決定を排除していません。ところが，会社法第447条第３項や第448条第３項は，資本金や資本準備金の額の増加となる株式の発行と同時に，その増加分の範囲で資本金や資本準備金の額の減少を決議するときは，「取締役の決定（取締役会設置会社にあっては，取締役会の決議）によって，次に掲げる事項（注：資本金・資本準備金の額の減少事項）を<u>定めなければならない</u>」と読み替えており，合併等の組織再編についても，小規模再編の受け皿会社や親子間再編の子会社の決議においては，<u>株主総会決議を要する旨の規定を</u>「<u>適用しない</u>」と規定しています（796条１項・３項など）。

　これをどう考えるべきでしょうか。後者の場合は，株主総会で決議してはいけないのでしょうか。これにつき，非取締役会設置会社の株主総会は万能の決議機関ですから（295条１項），株主総会で決議することができることは疑いの余地がありません。

　問題は「この法律に規定する事項及び定款で定めた事項」のみを株主総会で決議することのできる取締役会設置会社の場合です（295条２項）。しかし，株主総会の決議が原則である事項につき，必ず，例外である取締役会の決議によらなければならないという趣旨の立法だとは思えません。もし，文字どおりだとしたら，非取締役会設置会社でも株主総会で決議してはいけないことになってしまいます。実務も旧商法時代からの沿革や立法趣旨を根拠に，株主総会でも当然に決議することができると解釈しています。

第56話 事業の譲渡と現物出資

1. 事業の譲渡は承継とどこが違うか

旧商法時代は営業の譲渡といいましたが，会社法では事業の譲渡といいます。これにつき，言葉として知っていても，実感をもってご理解していらっしゃいますか。例えば，甲株式会社がビル管理と飲食店経営の2つの事業を営んでいるとして，この飲食店事業を乙会社に譲渡するとき，いったい何と何を譲渡するのでしょうか。

事業を譲渡したのですから，甲は飲食店事業を継続することはできません。また，甲は新規に飲食店事業を開始することもできません。別段の特約なき限り，競業事業を営んではいけない義務を負うからです。これを競業避止義務といいます（20条）。

事業を譲渡したのですから，甲と乙で合意した事業財産も移転します。事業財産とは，事業用の資産と負債また取引契約のことです。これを法律的にいうと「事業に関して有する権利義務」ということになります。資産の譲渡は所有権の移転や債権という権利の譲渡であり，買掛金債務など負債の移転が義務の譲渡，契約上の地位の移転が権利と義務の譲渡といえましょう。

事業用の財産であっても甲乙で合意しないものは除外されます。包括的移転ではなく，対象とされた個々の財産が集団で移転するだけだからです。こうして，事業譲渡といっても，個別取引契約の1つですから，備品売買，賃借権譲渡，債権譲渡，債務引受け（債務の移転のこと），契約上の地位の譲渡など，移転する財産の個数だけ移転契約があり，それをまとめて事業譲渡契約というわけです。

これに対して，事業に関して有する権利義務の「承継」である吸収分割は，組織法（団体の規律といった意味です）上の契約であり，権利義務が一括して集団で移転します。したがって，債務の移転であっても個々の債権者の承諾は必要なく，「この吸収分割に異議があったら1か月以内に述べよ」という公告

第7章　定款変更，事業譲渡，解散・清算　　*191*

と催告の手続で済まされ，黙っていると承認したものとみなされます（789条）。
（「譲渡」と「承継」の相違）

事業の譲渡	①権利義務の一括譲渡だが個別譲渡が単純に集合したものとされ，個々の財産ごとに譲渡の有効性を検討する必要がある。 ②債務の譲渡（債務引受）は債権者の個別の承諾が必要である。契約上の地位の譲渡も相手方の個別の同意が必要となる。 ③資産の譲渡は原則として含み益を実現せざるを得ず，課税問題が避けられない。
吸収分割	①権利義務の一括した当然の移転であって，個別対応ではなく集団的処理がなされる。 ②債務の承継は，債権者への異議あれば述べよという公告と催告で一括処理される。その他の場合も承諾までは不要で，通知で足りるものと考えられる。第三者との関係では，対抗要件が個別に必要となる。合併と相違し，承継させた会社が消滅せず，二重移転の危険があるためである。 ③課税問題を回避できる制度措置がなされるのが通常（税制適格）。

２．事業の現物出資

　事業の現物出資も，譲渡に準じますから，個々の財産は時価で評価されて移転するのが原則です。しかし，甲株式会社が子会社や兄弟会社に飲食店事業を出資する場合は，同一企業グループ内（共通支配下関係という）のコップの中の移転であり，第三者との取引とはいいがたい部分がありますから，この場合には，甲における帳簿価額（簿価）での移転となり，子会社や兄弟会社もその簿価を引き継ぎます。したがって，簿価債務超過事業の出資の場合は，子会社や兄弟会社で資本金等に計上することができず，その他利益剰余金を減額させることになります。これが会社計算規則第14条第1項第2号イの「当該株式会社と当該現物出資財産の給付をした者が共通支配下関係にある場合（当該現物出資財産に時価を付すべき場合を除く。）」は「当該現物出資財産の当該給付を

した者における当該給付の直前の帳簿価額」が出資の額であり，出資額が「零未満である場合における当該額に株式発行割合を乗じて得た額」が「その他利益剰余金」（の減額）になるという同第14条第2項第2号の意味です。

この部分は少々難解だったかも知れませんが，共通支配下関係の事業に関連する取引は簿価での移転が原則だと覚えてください。合併等の組織再編のとき再度説明します。

3．簡易事業譲渡の規定はどこにある

吸収分割で分割会社の「総」資産額の20％以下の分割は小規模な分割であることを根拠に株主総会の決議が不要だとされています（784条3項）。これを簡易吸収分割といいます。

事業の譲渡も株主総会の特別決議が必要ですから（467条1項），小規模な分割には株主総会の決議が不要だという簡易事業譲渡の規定があってもよさそうですが，いくら探してもみつかりません。

会社法第467条第1項第2号を再度よく読んでみてください。そこに「事業の重要な一部の譲渡（当該譲渡により譲り渡す資産の帳簿価額が当該株式会社の総資産額として法務省令で定める方法により算定される額の5分の1（略）を超えないものを除く。）」とあります。

すなわち，事業の重要な一部の譲渡は，譲渡会社の総資産額の20％超から100％未満までで，総資産額の20％以下の簡易事業譲渡は，そもそも会社法上の事業譲渡に該当しないのです。事業の譲渡として扱われませんから，当然に株主総会の決議を必要としないどころか，事業譲渡に反対する株主の買取請求権を規定する会社法第469条も適用されません。

なお，事業譲渡でなく事業「譲受け」に関しては，事業の全部の譲受け以外は会社法第467条の対象になっていないことにもご注意ください。譲渡会社にとって事業の重要な一部の譲渡も，譲受け会社では株主総会の承認決議が不要だということです。

第7章　定款変更，事業譲渡，解散・清算　　*193*

| 第57話 | 株式会社の解散事由と期限付解散 |

1．解散の事由

株式会社の解散事由は，会社法第471条に次のとおり列挙されています。

一　定款で定めた存続期間の満了

二　定款で定めた解散の事由の発生

三　株主総会の決議

四　合併（合併により当該株式会社が消滅する場合に限る。）

五　破産手続開始の決定

六　第824条（会社の解散命令）第1項又は第833条（会社の解散の訴え）
　　第1項の規定による解散を命ずる裁判

　このうち，ほとんどの実例が第3号の株主総会の決議による解散と，第4号の合併による解散ですが，前者は解散後に清算人が就任し清算手続が開始されるのに対し，後者は権利義務の全部が合併と同時に合併存続会社に承継され清算手続が不要であるという相違があります。この差は，会社として消滅する日（人でいえば死亡の日）が，前者は清算結了時だが，後者は合併解散時だという相違になります。

　期限付解散で，平成○年3月25日の株主総会の決議により，6日後の平成○年3月31日に解散と決議した場合は，「平成○年3月31日株主総会の決議により解散」と登記され，「平成○年3月25日株主総会の決議により解散」とはされません。この表現は，「株主総会の決議により平成○年3月31日解散」という意味だからです。この例のように解散は，切れ目のよい月末時点（特に事業年度末日付）が多いといえます。解散時にその事業年度が終了したことになるためです（翌日からは清算事務年度が開始します。494条1項）。

2．期限付解散の可否

　インターネットで，上場会社が連結子会社の解散を決定したことの情報開示

をみると，数か月後や半年以上先の解散であることがほとんどです。早期に解散することを決定し，お知らせし，解散に向けて準備をしなければならないからです。

　そこで，例えば，上記の期限付解散と同様に，平成○年1月25日に，上場会社たる親会社の取締役会の承認を得て，同日の子会社の株主総会において，2か月後の平成○年3月31日に解散と決議して，3月31日以降に，「平成○年3月31日株主総会の決議により解散」という登記を申請することができるかというと，残念ながら，登記実務はこれを認めていません。

　これは，「定款で定めた存続期間の満了」という解散事由があるのだから，「株主総会の決議」による期限付の解散は短期間のものしか認められないという昔の一部の学説の影響を受けたものです。その短期間がどの程度かというと，会社法第915条第1項の登記事項に変更を生じたときは2週間以内に登記せよという規定を根拠に，2週間までなら認めようという運用がなされています。

　私自身は，「定款で定めた存続期間の満了」とは，その重々しさから30年とか40年というもので（法務省発の登記記録例でも「会社成立の日から満50年」という例が掲載されています），株主多数の株式会社は，その手間と費用から，年1回しか株主総会を開催しないことなどから，1年以内の期限付解散は問題ないと考えておりますが，登記実務はこれを認めていません。

　では，この例では，解散の登記ができないのかというと，そうではなく，定款の変更も株主総会の特別決議によるから，これを定款に存続期間と定めたと扱い，存続期間としての登記を認める救済措置がなされています。しかし，株主総会では，定款の変更を決議していません。このような便宜的な扱いでよいのでしょうか。また，存続期間として扱われた限り，本例では，1月25日から2週間以内に存続期間の登記をしなければなりませんが，会社としては株主総会の決議による解散だから3月31日になるまで登記の申請は不要だと思い込んでいるわけです。結果として，3月31日以降に，存続期間と存続期間の満了による解散の2つ登記を同時に行うことになり，登記実務の意図した早期に登記せよという効果が生じていません。

3. 存続期間の満了日

平成○年３月下旬に「平成○年３月31日終了時に解散」と決議した場合は，「平成○年３月31日株主総会の決議により解散」という登記ですが，３月31日より２週間以上前に決議した場合は，期限付解散が認められないため，「存続期間　平成○年３月31日」と登記することでよろしいでしょうか。

しかし，この場合の解散の登記は，登記実務上，「平成○年４月１日存続期間の満了により解散」としなければなりません。そうすると，清算事務年度の開始が解散日の翌日である平成○年４月２日からということになり（494条１項），当事者の想定に反してしまいます。

やや横道に入りますが，３月31日終了時に任期満了して退任した場合には「３月31日退任」の登記ですが，予選で４月１日に就任した場合は「４月１日重任」です（個別に３月31日退任，４月１日就任の２つの登記も可能です）。

これと同様に「終わりと始まり」を登記する際は始まりの日をもって登記しますが，「終わり」だけを登記する際は終わりの日をもって登記すべきなのに，存続期間の満了の際は勘違いして期間の明けた日をもって登記する実務になってしまったものだと思われます。

したがって，登記実務を前提にする限り，当面は「平成○年４月１日存続期間の満了により解散」の「平成○年４月１日」は事業株式会社として終わる解散の日ではなく，清算株式会社の開始の日が登記されていると解釈するしかないと考えます。

4. 清算事務年度

会社の定款に「当会社の事業年度は，毎年10月１日から翌年９月30日までの年１期とする」とあっても，清算会社になれば，事業年度はなくなり，この定款規定は無意味となり，解散日の翌日から１年間の清算事務年度が開始します（494条１項）。定時株主総会も清算事務年度が基準になるだけでなく，事業報告ではなく清算事務報告になり，貸借対照表の資産評価も処分価格を基準に作成されます（492条，施行規則144条・145条）。

第58話 清算株式会社と取締役会

1．株式会社と清算株式会社

会社法第475条以下に入ると，主語が「株式会社は………」でなく「清算株式会社は………」となります。解散によって，その権利能力が清算の目的の範囲に限定された「清算」株式会社に変化するからです（475条）。

清算株式会社では，通常の（事業）株式会社の機関の規定は適用されません（477条6項）。取締役も取締役会も存在せず，認められる機関は，清算人，清算人会，監査役，監査役会程度です（477条）。清算人は1人で足ります。

下記の図からも，解散すると会社の性格が大きく変わることがご理解いただけるものと思います。

【株式会社の段階別存立目的】

	必須機関		権利能力
設立中の株式会社	原則なし	発起人	設立の目的の範囲内
（事業）株式会社	株主総会	取締役	定款の目的の範囲内
清算株式会社	株主総会	清算人	清算の目的の範囲内

2．解散と職権抹消登記ほか

解散の登記をすると，取締役や取締役会等の事業の遂行を前提とした機関等の登記は，登記官の職権で抹消されます（商登規則72条・59条）。代わりに清算人が就任します。

清算人になるのは，第1に，定款に定めがあればその人，第2に，定款に定めがなければ株主総会で選任した人，第3に，その選任もない場合には従前の取締役が就任します（これを**法定清算人**といいます。478条参照）。株主総会の決議で解散する場合は，第2の方法が一般的で，清算人は1人でかまいません。中小企業の場合は，旧代表取締役が，上場会社の子会社の場合は，親会社等の総務・経理担当者などが就任することが多いといえます。

監査役や監査役設置会社は，清算株式会社でも認められるため，そのままです。ただし，監査役は任期の定めのない監査役に変わります（480条2項）。事業年度自体がなくなり清算事務年度に変化するため，「選任後○年以内に終了する事業年度のうち最終のものに関する定時株主総会の終結の時まで」という任期計算ですら不可能です。

それでは，他の登記の部分，例えば，事業目的の部分や，株式譲渡制限規定である「当会社の株式を譲渡により取得するには，取締役会の承認を要する」の「取締役会」という部分については，いかがでしょうか。

目的の登記について清算の目的に変更せよとまで主張する極端な意見はありませんでしたが，会社法施行直後には，「株式の譲渡制限に関する規定」については，取締役会がなくなったのだから，「株主総会の承認を要する」とか，「当会社の承認を要する」と定款を変更し，速やかに登記する義務がある，いや，解散の登記と同時でなければ解散の登記自体が受け付けられないなど，さまざまな意見がありました。

しかし，清算株式会社であることは，登記記録の「解散」の部分をみれば分かりますし，清算株式会社になったからといって，株式の譲渡制限に関する規定などの定款の条項を改めよという規定もありません。のみならず，清算株式会社は清算の結了までは，「会社の継続」といって，株主総会の特別決議で，事業を営む通常の会社に戻れるのです（473条）。定款に規定されている「取締役会を置く」をそのまま残しておく意味もあります。

こうして，現在は，定款条項にある「取締役会」などは文書の定款として残してよく，それを改める法的な義務まではないが，その効力は停止され，いわば冬眠状態になると解釈されています。こういう効力停止条項を「空振り」規定といいますが，上記の「株式の譲渡制限に関する規定」の定款条項でいえば，「取締役会」の部分が空振りし，会社法の原則（139条1項）に戻って，「株主総会の承認を要する」と読み替えればよいことになります。

いずれにせよ，会社の継続の可能性を考えれば，清算株式会社であることと両立しない定款や登記の記載事項を変更する必要はありません。

【実務Q＆A】

Q1 清算人が1人でよいのなら，ついでに監査役も廃止したいのですがいかがですか。

A1 もちろん，可能です。ただし，監査役を定款から除外して，定款上の取締役会はそのままというのも不自然ですから，株式譲渡制限規定の取締役会を含めて定款の全面変更をしなければなりません。登記事項も増えますので，短期間で清算結了に至るなら，監査役はそのままでもよろしいのではないでしょうか。

Q2 解散から清算の結了まで，最短でどの程度の日数が必要ですか。

A2 債権者に債権の申出を求める官報での解散公告期間が2か月以上必要ですから（499条），最短で3か月です。清算結了のためには資産も負債もゼロの状況にしなければなりませんから，負債等については返済するだけでなく，親会社等に免責的債務引受けしてもらうなどの方法を採用します。

Q3 合弁会社なので，現状の取締役ABCDをそのまま法定清算人として清算事務を遂行させたいのですが，取締役会設置会社（代表取締役A）なので，自動的に清算人会設置会社になると考えてよろしいでしょうか。

A3 いいえ。清算人会を設置するためには定款で定めなくてはなりませんから（477条2項），取締役ABCD（代表取締役A）が自動的に清算人ABCD（代表清算人A）に変わっても，以後は，清算人の過半数で清算事務を決定し，清算人会という会議体で決定するわけではありません。

Q4 当社は少額ですが債務超過です。債権者は親会社が中心ですが，こういう場合にも裁判所が関与する特別清算にしなければならないのでしょうか。

A4 一般的には親会社以外の負債は全て親会社に負担してもらい，債権者を親会社1社にし，その後に債権放棄してもらう通常清算にします。

第8章

組織変更と組織再編

第59話　組織変更

第60話　吸収型再編と新設型再編

第61話　吸収型再編契約と新設型再編計画

第62話　合併とは何か

第63話　吸収合併に対する誤解

第64話　会社分割とは何か

第65話　会社分割と債権者保護

第66話　株式交換と株式移転

第67話　合併等対価の柔軟化と割当て

第68話　無対価の組織再編

第69話　株主総会決議の強化と簡易・略式再編

第70話　組織再編の計算（出資型）

第71話　組織再編の計算（BS合算型）

第72話　2種類の無対価合併

第73話　計算の復習と計算規則39条2項問題

第74話　組織再編の手続に関する実務Q&A

第59話　組織変更

1．組織変更でも実体は不変

　組織変更とは，合名・合資・合同会社のいずれかの持分会社が株式会社になること，あるいは，その逆に株式会社がいずれかの持分会社になることです（2条26号）。実務上は，歴史のある合資会社が株式会社に組織変更する例が多いといえましょう。

　株式会社が持分会社に組織変更する例としては，組織の簡素化等を目的に同じ間接有限責任社員で構成される合同会社への組織変更がたまにある程度です。合名・合資会社には，直接無限責任社員が必要ですから，あえて，これになろうとする会社は，事実上存在しないといっても過言ではありません。

　現実には数少ない組織変更を勉強する必要があるのかと思われたかもしれませんが，第1に，持分会社と株式会社の相違の勉強になります。第2に，組織再編の勉強になります。組織変更は単独での新設合併とも考えられ，債権者保護手続も必要だからです。第3に，実体法と登記法との関係の勉強になります。実体法的にみれば，組織変更は組織の器である法人部分の変更であり，「商号変更」に過ぎませんが，登記の面からみると，持分会社（又は株式会社）の登記記録を閉鎖し，株式会社（又は持分会社）の登記記録を新規に作成する点で，「解散と設立」の手続になるからです。ちなみに，所有する不動産名義の変更などは，商号変更扱いです。

【会社の3構成要素と組織変更】

法人組織	組織変更では，ここだけが変わる
事業体	（変わらない）
所有者	

　持分会社の内部で，例えば，合名会社が合同会社に，合資会社が合同会社に

変更することは，組織変更とはいわず，定款変更の1つとされ，「持分会社の種類の変更」といいます（638条）。

　旧商法時代は，有限会社が株式会社に変化することを組織変更といっていましたが，会社法下では，有限会社も株式会社の一種ですから，単なる「商号変更」の一種とされ（整備法45条・46条），「株式会社への移行」という表現をします。登記記録の閉鎖と新設，すなわち「解散と設立」の手続を採用する点は組織変更と同じですが，組織変更の効力は登記に影響されないのに，有限会社の株式会社への移行は登記が効力要件になっており，この点は異質です（整備法45条2項）。

　なお，組織変更，持分会社の種類の変更，有限会社の株式会社への移行につき，いずれも商号変更の一種であることに間違いないのですが，法人組織の変更として事業目的や役員変更も同時に行うことが可能です。ただし，本店所在場所の移転は含まれません。同時に本店を移転したいのであれば，組織変更とは別議案で決議するしかありません。

　組織変更では，法人組織が変わるだけで，事業の実体には変化が生じないため，資本金をはじめ貸借対照表には，原則として変化がありません。株式会社に認められる準備金と自己株式が変化する程度です。

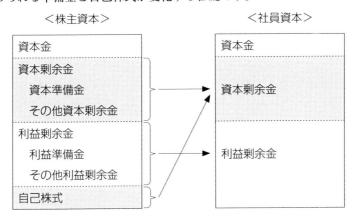

2．持分が株式に，株式が持分に変化

　会社法制定当時，合資会社甲に無限責任社員Aと有限責任社員Bがいて，甲が株式会社乙に組織変更するとき，AとBに何を基準に株式を割り当てるのかと，もんもんと考え続けたことがありました。甲が株式会社に吸収合併される場合も同じです。どういう基準で合併株式を割り当てるのでしょうか。出資額比率ですか。逆に，株式会社が合資会社になるとき，株主をどういう基準で無限責任社員と有限責任社員に振り分けるのでしょうか。

　答えは，会社法に規定されていました。「組織変更をする持分会社は，効力発生日の前日までに，組織変更計画について当該持分会社の総社員の同意を得なければならない」（781条1項），「組織変更をする株式会社は，効力発生日の前日までに，組織変更計画について当該株式会社の総株主の同意を得なければならない」（776条1項）です。すなわち，「全員の同意」が必要であるため，出資額や株式数に応じた平等原則に準じなくてよいのです。不利益を受ける社員や株主がいたとしても，本人が承諾していますから，平等原則に反しません。

【実務Q＆A】

Q　組織変更は法人組織が変わるだけだといいながら，債権者保護手続が必要とされるのはなぜですか。

A　合名・合資会社には会社の債務につき無限に責任を負う社員がおり，その無限責任社員の個人財産に期待して債権者になったのに，間接有限責任社員だけの株式会社に無断で変更されては債権者が困ります。逆に，株式会社の財産に期待して債権者になったのに，無資力者を無限責任社員とする合名・合資会社に変更されるのも困ります。合同会社から株式会社へ，株式会社から合同会社への組織変更は，この点では債権者に与える影響が少ないかもしれませんが，債権者の立場からすれば，債務者が全く異なる種類の会社に変わるのなら債権者にならなかったという場合も考えられますから，組織変更の効力の発生に債権者の関与を求めたものだと考えます。

第8章　組織変更と組織再編　*203*

第60話　吸収型再編と新設型再編

1．組織再編とは

　官報公告をみておりますと，毎日のように，合併や会社分割等の公告が掲載されています。そのほとんどが同一企業グループ内の合併や会社分割です。親会社が子会社を吸収合併したり，子会社同士で合併したり，事業をグループ会社に分割する事例です。株式交換も70％支配の子会社を100％支配にするなど，グループ内の再編に使われることが多いといえます。株式移転は第三者間で行われる例が多いのですが，これもたまに目にします。

　合併等が第三者間でなされることが少ないのは，いきなりの合併では，人事制度やコンピュータシステム，社風の統合等に支障が生じかねないためであり，まずは資本提携からスタートです。

　これらの「合併，会社分割，株式交換及び株式移転」を総称して組織再編といいますが，会社の「法人，事業，所有者」という3構成組織の一部又は全部を会社の意思で再編させることです。広義では組織変更も含みます。組織変更の実質は単なる商号変更ですが，形式上は旧会社が解散し，旧会社の事業が新会社に移転し，旧所有者も新会社の所有者に変わる点で，合併に似ているからでしょう。

　下記の表は，合併や会社分割，株式交換・株式移転で会社の3構成組織（法人・事業体・所有者）のどこが変化するかを私なりに整理したものです。

（会社の3構成要素と組織再編）

（会社の3構成要素）	合併	会社分割	株式交換・移転
法人組織	（解散）	（不変）	（不変）
事業（実体）	承継される	承継される	（不変）
株主（所有者）	対価を受領	（不変）	対価を受領

「合併，会社分割，株式交換及び株式移転」のうちで，事業の移転が生じるのは，合併と会社分割です。会社ではなく，企業所有者が組織再編の対価を受領するのは，合併，株式交換と株式移転です。その対価が他社や新会社の株式である場合は，旧会社の株主から他社や新会社の株主へと移動することになります。

事業の移転の仕方は，包括的に移転し，債務の移転にあっても個別債権者の個々の承諾を必要とせず，「異議があれば1か月以内に述べよ」という公告や催告の方法が採用され，集団でまとめて一括処理されます。これを包括承継といいますが，個別取引法の規律ではなく，団体法（組織法）の規律に従う移転方式だといえましょう。

「合併，会社分割，株式交換及び株式移転」のうちで中心となるのは合併です。会社分割や株式交換・株式移転は合併の一部分を取り出したものと考えても大きな支障はありません。そのため，合併を十分に勉強すれば，会社分割や株式交換などは容易に理解することができます。また，他の組織再編と比較して合併は，法人の解散を伴う点に特徴があります。

2．組織再編の種類と定義

組織再編には，既存の他社との関係で行われる吸収合併，吸収分割，株式交換である「**吸収型再編**」と，新会社との関係で行われる（新会社設立行為となる）新設合併，新設分割，株式移転である「**新設型再編**」とに分類することができます（計算規則2条3項33号・41号参照）。

それぞれの定義は，次のとおりです（2条27号以下）

【吸収型再編】

①吸収合併：会社が他の会社とする合併であって，合併により消滅する会社の権利義務の全部を合併後存続する会社に承継させるものをいう。

②吸収分割：株式会社又は合同会社がその事業に関して有する権利義務の全部又は一部を分割後他の会社に承継させることをいう。

③株式交換：株式会社がその発行済株式（株式会社が発行している株式をい

う）の全部を他の株式会社又は合同会社に取得させることをいう。

【新設型再編】

　①新設合併：2以上の会社がする合併であって，合併により消滅する会社の権利義務の全部を合併により設立する会社に承継させるものをいう。

　②新設分割：1又は2以上の株式会社又は合同会社がその事業に関して有する権利義務の全部又は一部を分割により設立する会社に承継させることをいう。

　③株式移転：1又は2以上の株式会社がその発行済株式の全部を新たに設立する株式会社に取得させることをいう。

　以上の定義によると，吸収合併と新設合併だけは「させるもの」となっており「させること」となっていませんが，これは前半の「合併であって」を受けて，「合併のうち，………のもの」という定義の仕方だからに過ぎません。「合併」自体の意味については説明されていませんが，説明するまでもないという前提であり（322条2項も同じ），企業（事業）と企業（事業）が結合し，結合の結果として解散消滅するという意味です。吸収合併では，一方の会社が消滅し，他方が生き残ります。

　また，会社法の定義では，権利義務や発行済株式を承継又は取得させる側が主語になっています。つい「甲が乙及び丙を吸収合併する」と表現してしまいますが，これは，承継させる乙と丙を基準にし，乙が甲に権利義務全部を承継させる合併と，丙が甲に権利義務全部を承継させる2個の合併になります。

　合併と会社分割で承継させる「権利義務」の意味については，前に説明しましたが，言い換えれば，権利が資産（所有権，債権など）で，義務が負債（債務など），権利義務が契約上の地位のことですから，「権利義務を承継させる」とは，会社の積極消極財産の全部又は一部を包括的に他社又は新会社に移転させることです。

　吸収型再編と新設合併は，必ず相手が必要で「契約」でなされますが，新設分割と株式移転は1社でも可能です。契約ではなく単独行為であって，2社以上でなされるときも共同単独行為になります。よって，合併契約などに対応するものは新設分割「計画」，株式移転「計画」と表現します。

第61話　吸収型再編契約と新設型再編計画

1. 吸収型再編契約

　吸収合併は，「法人と事業（財産）と株主」の全部，吸収分割は「事業」，株式交換は「株主」を中心とした再編です。吸収分割と株式交換は合併の一部分だともいえます（本書203頁図参照）。

　まずは，次の契約書式例で類似点及び相違点を知り，イメージを持ってください。契約ですから，「いつ，どこで，誰が，何を，なぜ，どのように」が書かれているかが重要です。

（吸収型再編契約の種類）

【吸収合併契約】	【吸収分割契約】	【株式交換契約】
第1条（合併の方法） 　甲及び乙は合併して，甲は存続し，乙は解散する。	第1条（吸収分割の方法） 　甲は，吸収分割により乙から乙の○○事業に関する権利義務を承継し，乙は甲にこれを承継させる。	第1条（株式交換） 　甲は，株式交換により乙から乙の発行済株式の全部を取得し，乙は甲にこれを取得させる。
第2条（効力発生日） 　効力発生日は，平成○年○月○日とする。		
第3条（権利義務全部の承継） 　甲は効力発生日において，乙の従業員全員，資産及び負債その他一切の権利義務を承継する。	第3条（承継する権利義務） 　甲が乙から承継する権利義務は，乙の○○事業に関する一切の資産，負債，契約上の地位，雇用契約その他の権利義務とする（承継財産の詳細は別紙のとおりとする）。	

第8章　組織変更と組織再編　　*207*

第4条（合併対価の交付） 　甲は，効力発生直前時の乙の株主名簿に記載された乙の株主（甲及び乙を除く）に対して，乙株式1株に対して甲株式○株の割合で割当交付する（注）。	第4条（分割対価の交付） （乙自身に割り当てる）	第3条（交換対価の交付） （吸収合併に類似）
第5条（増加すべき資本金等）	第5条（増加すべき資本金等）	第4条（増加すべき資本金等）
第8条（合併承認決議）	第9条（分割承認決議）	第9条（株式交換承認決議）
以下省略	以下省略	以下省略

(注)「甲：乙＝1：2」の合併比率であれば，乙の1株に対して甲株式2株を割り当てるとなります。

2．新設型再編計画

　新設分割計画と株式移転計画も吸収型再編契約を単独行為の形式に直し，会社の設立に必要な役員，定款，資本金等について定めるだけです。本店所在場所や代表取締役，株主名簿管理人についても，設立前には取締役会が存在しないため，ここで定めておくのが通常です。

（単独行為の新設型再編）

【新設分割計画】	【株式移転計画】
第1条（新設分割） 　甲は，新設分割により，乙からその○○事業に関する権利義務を承継して乙により設立される。	第1条（株式移転の方法） 　甲及び乙は，共同して株式移転により，丙を設立する。
第2条（甲の定款と設立時役員） 　甲の定款内容及び設立時役員等の氏名については，別紙記載のとおりとする。	

第3条（承継する権利義務） 　甲が乙から承継する権利義務は，乙の○○事業に関する一切の資産，負債，契約上の地位，雇用契約その他の権利義務とする（承継財産の詳細は別紙のとおりとする）。	
第4条（分割対価の交付） 　甲は，新設分割に際して，乙に対して，普通株式○○株を交付する。	第3条（対価の交付及び割当て） 　丙は，株式移転に際して，普通株式○○株を発行し，株式移転直前時の甲及び乙の株主名簿に記載された株主に対して，次のとおり割り当てる。 　　1．甲株式1株に対して丙株式○株の割合 　　2．乙株式1株に対して丙株式△株の割合
第5条（設立時資本金及び準備金の額） 　甲の設立時資本金及び準備金の額に関する事項は，次のとおりとする。 　　1．資本金の額　金○○○万円 　　2．上記以外の準備金その他の額　　会社計算規則の規定に従い，　　乙が定める。	第4条（設立時資本金及び準備金の額） （左に準じる）
第6条（分割期日） 　新設分割期日は，平成○年○月○日を予定日とする。ただし，手続の進行に応じ必要があるときは，これを変更することができる。	第5条（株式移転期日） （左に準じる）
第8条（分割承認決議）	第6条（株式移転承認決議）
以下省略	以下省略

第8章　組織変更と組織再編　*209*

第62話　合併とは何か

1．吸収合併と新設合併

　合併には吸収合併と新設合併の2種類があります。吸収合併は「会社が他の会社とする合併であって，合併により消滅する会社の権利義務の全部を合併後存続する会社に承継させるもの」で（2条27号），新設合併は「2以上の会社がする合併であって，合併により消滅する会社の権利義務の全部を合併により設立する会社に承継させるもの」です（2条28号）。新設合併では，新会社が設立されます。

　合併の内容は一般常識になっているため説明はありませんが，定義内容に「合併により消滅する会社」とあるとおり，必ず会社の解散消滅があり，その会社の「権利義務の全部」が他の会社又は新設会社に承継されることです。

　承継の対象は「合併により消滅する会社の権利義務の全部」であって，法人格までを承継させるものではありません。合併消滅会社の定款も役員も貸借対照表も承継されません。そのため，「合併につき複数の会社が1つになること」という説明は誤解を招きやすいといえます。このことにつき，私は，「合併して解散するのではなく，解散して残った事業や財産が合併するのだ」と説明していますが，解散が合併に先行すると考えれば，合併消滅会社の定款も役員も貸借対照表も承継されないことが容易にお分かりいただけることでしょう。

　合併も契約ですから，必ず相対立する当事者が存在します。ここでは，甲と乙ということにしましょう。

　甲と乙において，乙の権利義務の全部を甲に承継させて乙が解散する合併を吸収合併といい，生き残る甲を吸収合併存続会社，解散消滅する乙を合併解散会社とか合併消滅会社といいます。

　甲と乙において，両社とも解散・消滅し，権利義務の全部を新会社丙に承継させる合併を新設合併といいます。新会社丙が存在すると仮定すれば，丙を存続会社とし，甲と乙を消滅会社とする吸収合併のようなものです。

これは登記記録にも反映され，吸収合併では変更の登記と解散の登記，新設合併では設立の登記と解散の登記になります。「登記記録に関する事項」に登記されるということは，新登記記録が起こされる（設立登記），登記記録が閉鎖（解散）されるという意味です。また，設立の登記は登記申請日が効力発生日のため，登記内容の本文には年月日が記載されません。

（合併の登記記録例）

吸収合併	甲は変更の登記	吸収合併	平成〇年〇月〇日東京都・・・**乙を合併**
	乙は解散の登記	登記記録に関する事項	平成〇年〇月〇日東京都・・・**甲に合併し解散**
新設合併	丙は設立の登記	登記記録に関する事項	東京都・・・**甲及び神奈川県・・・乙の合併により設立**
	甲（乙）は解散の登記	登記記録に関する事項	平成〇年〇月〇日神奈川県・・・**乙と合併し**東京都・・・**丙を設立し解散**

　なお，新設合併につき，何の財産もない新会社と合併するのなら，合併比率の出しようがないと考えてしまった方もおられるかもしれません。既存の甲と乙で合併比率を例えば1対0.5と出したなら，新会社丙も1にし，丙と甲は1対1，丙と乙は1対0.5とするだけの話です。甲が先に丙と合併し，その後に乙と合併したのと同じです。

　もっとも，新設合併は全くに近いほどありません。既存の会社の許認可も歴史も消えますし，税務上も吸収合併より複雑で当事者に有利であることが少ないためです。したがって，新設合併の意味だけ覚えておけば十分です。

2．吸収合併は事業財産を包括的に承継させる株主のための再編契約

　吸収合併は会社の種類を問いませんが，以下，便宜，当事者を株式会社である甲と乙ということにします。

　さて，甲と乙において，乙の権利義務の全部を甲に承継させて乙が解散する

合併を吸収合併というわけですが，吸収合併契約は会社と会社の契約ですから，本来は，甲から交付される承継の対価（株式などの合併対価）も乙自身が受け取るべきでしょうが，乙は同時に解散しますので，乙の株主が対価を受け取ります。

　もっとも，会社間の契約でありながら，対価を受領するのが株主である点は，株式交換も同じですから，民法で勉強した「第三者のためにする契約」に準じて，「（第三者たる）株主のためにする」会社間の合併契約と考えてもよいでしょう。単刀直入に，契約は会社間でするが，乙の株主が会社財産の全部を甲に承継させて，対価を取得したようなものと考えても大きな支障はありません。ただし，無対価合併といって対価を受領しない合併もありますので，この対価の交付は吸収合併の要件ではありません。また，旧商法時代は合併対価が吸収合併存続会社の株式に限定されていましたが，会社法では対価が柔軟化され現金等でもよいことになりましたので，対価を受領した合併消滅会社の株主が合併存続会社の株主になるとは限らないことも認識してください。

３．吸収合併の早分かり

　吸収合併につき混乱してきたかもしれませんが，視点を変えて，合併存続会社の甲からの視点で，合併対価を甲の株式とする吸収合併を乙の事業の現物出資に対応した「合併による甲の募集株式の発行等」と捉えてみてください。払込期日が合併の効力発生日で，合併消滅会社の株主を対象とする第三者割当ての募集株式の交付に過ぎません。債権者保護手続が必要な点は減資に近いといえます。したがって，「吸収合併＝増資＋減資＋α＋解散」なりと考え，既存の知識を総動員すれば，徐々に分かってまいります。

　逆にいえば，吸収合併を十分に理解することができるようになれば，他の再編だけでなく，募集株式の発行も資本金の額の減少も，解散もみな分かるようになります。

第63話　吸収合併に対する誤解

　吸収合併は，各種の組織再編のうちで最も重要なものにもかかわらず，法律の専門家さえ，勘違いしている人が少なくありません。吸収合併を複数の法人が1つになることと捉え，何でもかんでも統合するとの思い込みが原因です。しかし，定款や役員，法人免許などが引き継がれないことは，みな認めるところです。そのあたりの問題点につき，以下，合併存続株式会社を甲，消滅する株式会社を乙としてQ＆Aで説明します。

【実務Q＆A】

Q1　合併対価の全部を甲株式にした場合は，合併会社の資本金額は甲と乙の資本金の合算額になり，資本金額を増やしたくない場合は，資本減少公告も同時に必要だと考えてよろしいですか。

A2　必要だというのは平成9年までに支配的であった合併学説の「人格合一説」を徹底した考え方で，当時から私は批判的でした。この考え方は，合併は法人と法人が合同して1つの法人になるものだから，貸借対照表などもそのまま合同され，資本金についても合算額になると考えます。平成9年の改正商法で合併法制が見直されるまでは，登記実務がこの説を採用し，例えば，甲の資本金額が2億円，乙のそれが1億円で，合併後も資本金額を2億円のままにしたいときは，債権者異議申述公告も「合併並びに資本減少公告」とし，「平成〇年〇月〇口開催の臨時株主総会において，左記会社は合併して甲は乙の権利義務一切を承継して存続し乙は解散すること，この合併に伴い，甲乙の合併直前の資本の合算額3億円を1億円減少し合併後の資本の額を2億円にすることを決議したので，この合併並びに資本減少の決議に対し異議のある債権者は，本公告掲載の翌日から1箇月以内にお申し出下さい」などとしたものでした。

　しかし，平成9年の合併法制の改正で旧商法413条ノ2が新設されてからは，合併による資本の増加額は，受け入れる正味の純資産額の範囲で自由に決めれ

第8章　組織変更と組織再編　**213**

ばよく，存続会社の資本の増加額が消滅会社の資本の額より少ない場合でも資本減少の手続をとる必要はないとされるようになりました。この考え方を「現物出資説」といい，合併も事業財産の現物出資に近いから，出資額の範囲で増加資本金額を決めればよく，１円も増加しないことができるという考え方です。法人と法人の統合ではなく，事業と事業の結合を合併とみる考え方です。

　会社法では，合併対価が合併会社の株式に限定されないため，人格合一説と現物出資説の争いはなくなりましたが，吸収合併の定義が「合併により消滅する会社の権利義務の全部を合併後存続する会社に承継させるもの」（2条27号）となっていることから，現物出資説的考え方であることは明らかです。ただし，合併の会計処理においては，人格合一説と同様の処理（資本金の合算）も肯定されています（計算規則36条1項）。

....

Q2　乙の業務執行取締役だった者を合併会社の甲で監査役に選任したいのですが，「甲乙の合併会社＝存続会社甲＋消滅会社乙」ですから，社外監査役にはなり得ないということでよろしいですか。

A2　乙の法人格は結合せず解散したのであり，「甲乙の合併会社＝合併後の存続会社甲」であって，甲は甲，乙は乙ですから，社外監査役になることができます（相澤哲ほか編著『論点解説　新・会社法』402頁）。

....

Q3　甲も乙も3月決算であり，4月1日に合併いたしました。乙の定時株主総会は，甲の定時株主総会と兼ねてよろしいでしょうか。

A3　乙は合併により解散消滅したのであり，もう会社が存在しないのですから，乙の定時株主総会などあり得ません。

....

Q4　Q3の甲の決算公告の際には，合併消滅した乙の決算公告も同時に掲載すべきではないでしょうか。

A4　甲は甲，乙は乙です。その必要はありません。

....

Q5 合併解散した乙の取締役から，役員退職金の支払いを求められています。合併会社の甲から支払う義務がありますか。

A5 合併解散前に乙で退職金支給決議をしていた場合は，その支払義務を甲が承継します。通常の金銭債務の承継に過ぎません。

....

Q6 合併消滅会社の乙では，決算公告をしていませんでした。存続会社の甲は，その決算公告義務を引き継ぎますか。

A6 決算公告義務は，法人に専属する義務であって，承継される権利義務（財産）ともいえず，乙が消滅した限り，履行不能によって公告義務も消滅したと考えます。

....

Q7 乙では決算公告を電子公告でしていますが，最後の公告はまだ決算の確定から5年を経過していません。この場合は，甲がこの5年間継続義務（940条1項3号）を引き継ぐと解釈せざるをえないのではないでしょうか。

A7 決算公告義務は，法人に専属する義務であって，甲に承継されません。甲は甲，乙は乙であり，事業財産でないものは引き継がれないと考えます。

....

Q8 1つの契約書に，甲乙丙の3社による吸収合併契約を記載したのですが，丙の株主総会で合併が承認されませんでした。甲と乙の合併も無効になりますか。

A8 本件は，1枚の契約書に記載されていても，「乙の権利義務の全部を甲に承継させる合併」と「丙の権利義務の全部を甲に承継させる合併」の2つであって，乙と丙との間には合併契約は存在していませんし，甲と丙の合併が無効に確定しても，特約規定がない限り，甲と乙との合併には影響しません。

なお，旧商法時代の合併登記では，甲の登記記録として「乙及び丙を合併」とまとめて記録することができましたが，会社法になってからは，「乙を合併」「丙を合併」で，別々に記録することになりました。別々の合併であることを登記の面でもはっきりさせるためです。

第8章 組織変更と組織再編 *215*

> **第64話** 会社分割とは何か

1．吸収分割と新設分割

会社分割には吸収分割と新設分割の2種類があります。吸収分割は「株式会社又は合同会社がその事業に関して有する権利義務の全部又は一部を分割後他の会社に承継させること」で（2条29号），新設分割は「1又は2以上の株式会社又は合同会社がその事業に関して有する権利義務の全部又は一部を分割により設立する会社に承継させること」です（2条30号）。会社の事業部門の分社の方法であり，吸収分割も新設分割も，ともに多数の実例が存在します。

承継の対象は「事業に関して有する権利義務」ですから，事業上の財産（資産や負債）を承継させるものであって，「事業（そのもの）の承継」であることまでは要求されていません。旧商法では「営業の承継」とされていましたが，これでは工場の承継などの場合に，「営業」に当たるのかどうかという議論が生じたため，権利義務の承継に変えたものです。極論すれば，事業用の不動産や子会社株式など単なる財産だけの会社分割も可能ですし，実例もあります。

権利義務を出す側を分割会社，受ける側を吸収分割承継会社，設立会社などといいます。分割会社は株式会社と合同会社に限定されますが，受ける側には制限がありません。分割会社にだけ制限を課したのは，無限責任社員のいる合名会社や合資会社に認めると権利関係が複雑になるからなどの理由だとされています。

吸収分割も，吸収合併と同様に，会社と会社の契約の1つですが，承継会社から交付される承継の対価（分割対価）を分割会社自身が受領するため，**事業譲渡の組織再編版**と思えば理解が容易でしょう。この対価の受領者が会社自身である点と会社の解散を伴わないところが吸収合併と相違するところです。

新設分割の定義には「1又は2以上の株式会社又は合同会社が」とありますが，ほとんどが単独での新設分割であり，「事業に関して有する権利義務」を会社の外に切り出して，それを現物出資したのと同様に新会社（100％子会社）

を設立することです。

　なお，会社分割も後記の株式交換・株式移転も，事業上の権利義務や株式を出す側を主語に，「させること」と定義している点にもご注意ください。通常，不動産の売買契約でも事業譲渡契約でも，売り手側を甲，買い手側を乙として契約書などを作成しますが，登記では，吸収合併の登記を典型例とするように，受け手側を中心にしますので，本書でも受け手側を甲，出し手側を乙にしていますので，混乱しないようにしてください。

　登記の申請自体も受け皿会社を管轄する登記所（下記の例なら東京法務局）に分割会社の分まで申請し（これを同時申請といいます），登記審査が終わったら，受け皿会社の登記がなされ，残った分割会社の申請書は受け皿会社の登記所から分割会社を管轄する登記所（下記の例なら横浜地方法務局）に送付され，分割会社の登記がなされるという仕組みです（吸収合併等でも同様です）。したがって，受け皿会社と分割会社では登記日が異なります。吸収分割では会社の解散を伴わないため，分割会社でも承継会社でも単なる変更登記になることもご確認ください。

（東京の甲と横浜の乙による会社分割の登記記録例）

吸収分割	甲は変更の登記	会社分割	平成〇年〇月〇日横浜市・・・**乙から分割**
	乙は変更の登記	会社分割	平成〇年〇月〇日東京都・・・**甲に分割**
新設分割	甲は設立の登記	登記記録に関する事項	横浜市・・・**乙から分割により設立**
	乙は変更の登記	会社分割	平成〇年〇月〇日東京都・・・**甲に分割**

２．抜け殻方式は持株会社創設方法

　会社分割は１事業部門の分社としてなされることが多いのですが，全事業部門，言い換えれば，分割会社乙の権利義務の「全部」を承継会社甲や新設会社甲に承継させることも可能です。これを「抜け殻方式」などということがあり

ますが，著名証券会社をはじめとする上場会社では，この方法で上場を維持したまま，100％子会社に事業を承継させ持株会社になることが多いといえます（これに対して銀行の場合は，株式移転方式が多い）。

（野村ホールディングス株式会社の有価証券報告書から）

年月	沿　革
2001年10月	会社分割により証券業その他証券取引法に基づき営む業務を野村證券分割準備株式会社に承継させ，持株会社体制に移行。これに伴い，社名を野村ホールディングス株式会社に変更（同時に野村證券分割準備株式会社は社名を野村證券株式会社に変更）。

　このように，現在の野村證券は昔の野村證券とは別法人ですが，商号を同じにすれば，気付かない方も多いようです。もちろん，新設分割の抜け殻方式で持株会社になる例も多数存在しますが，新設分割の場合は登記の申請が効力要件となるため，会社としては確実に予定した日に登記を申請することができるのかという不安が生じますし，予定した日が休日や祝日であれば申請すら不可能です。そのため，吸収分割の方が安全です。

　A事業部門，B事業部門，C事業部門を有する乙が抜け殻になる場合に，ABCの全部を1社又は新会社に分割するだけでなく，それぞれ別に3社に分割することも当然に可能です。この場合は，3つの会社分割が同時に行われたことになります。

3．第2会社方式は企業再生方法

　会社分割は，会社再生スキームとしても用いられます。不良事業だけを分割会社に残し，優良事業を新設分割し子会社（第2会社）を設立し，分割会社を特別清算に向かわせる方式です。その分割した子会社株式を売却して債権者に少しでも返済し，優良事業を生き残らせる方法ですが，これを一般に第2会社方式といいます。

第65話　会社分割と債権者保護

1．分割型会社分割

　分割会社が分社と同時に受領した分割対価の株式を株主に分配したら，どうなるでしょうか。まさに，会社自身の「分割」となり，会社の財産も2社に分割させられます。これを「分割型」といいます。言い換えれば，新設分割でいえば分社型は100％子会社を新設しますが（縦の関係），分割型は兄弟会社を作ります（横の関係）。

　旧商法時代は，合併や株式交換と同じく，吸収分割承継会社又は設立会社から対価を直接に分割会社の株主に交付することが認められ，これを人的会社分割と呼んでおりましたが，会社法における分割型は「分社型」と「受領株式の分配」が同時に行われただけで，2つの行為です（758条8号，763条12号等参照）。そのため，承継会社・新設会社が非公開会社（株式譲渡制限会社）であれば，受領株式の分配に株式発行会社の承認が必要だと解釈されています。

　この株式の分配は主として現物配当（剰余金の配当）として行われますが（剰余「金」の配当といっても金銭に限りません），組織再編の一環としてなされる限り，分配可能額の規制もありません（792条，812条）。

2．分割会社の債権者保護

　組織再編というと債権者保護手続が必須というイメージがありますが，株式交換など株主が変わるだけで，債務の移転（引受け）がない場合には債権者保護手続の必要がありません。吸収合併では消滅会社も存続会社も全債権者に保護手続が必要です。消滅会社の債権者からみれば，債務の引受けで債務者が交代することになります。存続会社の債権者にとっては債務者が変わるわけではありませんが，財務内容が大きく変化しかねませんので，必ず全債権者に保護手続が必要です。これは吸収分割「承継会社」でも同様であり，債務超過事業の吸収分割でなくても，全債権者に対する保護手続が必要です。

では，分割会社の債権者の場合は，どうでしょうか。

債務が分割の対象にならない分割会社の債権者Aは分割前も分割後も分割会社に請求できますし，分社型であれば，分割会社の純資産額に変化がありません。会社から出て行った権利義務の代わりに同額の対価を会社が受領するからです。したがって，債権者保護手続が必要ありません（財産の減少となる分割型では必ず必要です）。

なお，この会社分割が優良事業の切り出しなどで債権者Aを詐害する目的がある場合は，そのための債権者保護の規定がありますが（759条4〜7項），ここでいう債権者保護手続（債権者に異議はないかと問う公告や催告）の問題ではありません。

以上に対して分割される事業の債権者Bにとっては，「免責的債務引受け」といって，いままでは分割会社が債務者だったのに，分割後は承継会社ないし新会社が債務者になるため（債務者が交代するため），この会社分割に重大な利害関係を持つことになります。よって，分割会社は，債権者Bに対しては「異議があったら1か月以内に述べよ」と公告し催告しなければなりません。

このように分割会社の債権者保護は，この会社分割が分社型である限りにおいては，会社分割による免責的債務引受けの債権者だけを対象にすればよいのですが，この債務引受けにつき，分割会社も連帯債務を負う「併存的（重畳的）債務引受け」や連帯保証をすれば，その債権者も依然として分割会社にも請求することができるため，債権者保護の対象から外れます。

会社法第789条第1項第2号が保護の対象となる債権者につき「吸収分割後吸収分割株式会社に対して債務の履行（連帯保証債務の履行を含む）を請求することができない吸収分割株式会社の債権者」と規定しているとおりです（新設分割では810条1項2号）。

新設分割の場合は，新会社には既存債権者が不在であり，債権者保護手続も不要ですから，新設分割会社でも，この併存的債務引受けによって，債権者保護手続を省略すれば，新設分割の手続の期間を大幅に短縮することができますので，実務でも多用されています。

第66話　株式交換と株式移転

1．株式だけの合併が株式交換・株式移転

　会社の3構成要素（本書203頁）である「法人，事業体，株主」のうち，株式交換と株式移転は残った株主部分に関する組織再編ということになります。

　会社法の定義では，株式交換は「株式会社がその発行済株式（株式会社が発行している株式をいう）の全部を他の株式会社又は合同会社に取得させること」で（2条31号），株式移転は「1又は2以上の株式会社がその発行済株式の全部を新たに設立する株式会社に取得させること」です（2条32号）。

　つまり，株式交換は相手会社の，株式移転は新会社の100％子会社になることですが，合併や会社分割と相違し，会社の中心部分である事業（財産）に変化がなく，会社の外部に存在する株主に変動が生じるだけです。したがって，株式交換の登記は，株式交換の対価として新株式が発行された場合の発行済株式の総数や資本金額が変わるだけで，株式交換という単語は一切登記記録に登場しません。同様に，株式移転の登記も，通常の設立登記と同じで，株式移転という単語は一切登記記録に登場しません。

2．株式交換

　株式交換の当事者を甲と乙とすると，「乙がその発行済株式の全部を甲に取得させること」で，この結果，乙は甲の100％子会社になります。乙を完全子会社，甲を完全親会社ということが多いといえます。すでに，甲が乙の発行済株式の30％を取得済みのときは，残りの70％を取得させることです。

　会社と会社の契約ですが，甲から交付される承継の対価（交換対価）は乙の株主が受け取ります。この点は合併と同じで会社分割と相違するところです。単刀直入にいえば，乙の株主全員が甲に株式を譲渡したようなものです。この意味で，**株式譲渡の組織再編版**だといえましょう（株式譲渡であれば1人の株主でも譲渡を拒否すれば100％子会社にできませんが，株式交換であれば，多

数決で決定できます）。ただし，無対価株式交換といって対価を取得しない株式交換もありますので，この対価の交付は株式交換の要件ではありません。

株式交換がどんな場合に行われるかといいますと，皆さんが乙のオーナーだと想定してみてください。いままで乙のオーナーとして自由に行動することができたのに，株式交換で甲の少数株主になっても意味ありません。しかし，甲が上場会社だったら，どうでしょうか。皆さんの株が上場株式に化けて，いつでも自由に売れるようになるのです。

次に，皆さんが甲の役員で甲が乙の70％の株式を握っている場合をお考えください。何を決定するにも，乙の30％を所有する少数株主を無視することができず，機動的な動きができないのです。株式交換で，その少数株主を甲の株主にするか，対価を現金にして，グループから離れてもらいたいと思いませんか。

3．株式移転

株式移転は，例えていえば，株主全員が株式を出資して親会社を設立するようなものです。1社単独でもできますが，共同株式移転といって，複数の会社で行うことも少なくありません。上場会社で「○○ホールディングス」という社名が急増していますが，この持株会社の設立方法が株式移転です。

4．債権者保護が必要な場合

株式交換や株式移転でも，新株予約権付社債の承継が可能です。この場合は「債務」の移転ですから，子会社側では，その社債権者に対して，株式交換親会社では全債権者に対して債権者保護が必要です（株式移転設立会社には既存債権者が不在です）。

株式交換の対価が親会社の株式以外（例えば現金）の場合も，親会社で債権者保護が必要です（799条1項3号）。受け入れる子会社の株式の評価を誤り，既存資産が流失し，債権者に損害を与えかねないからだとされています。対価が株式の際は，評価を誤っても，会社自体には損害はありません（親会社の株主は株価が薄まり損害になりますが株主総会で承認しています）。

第67話 合併等対価の柔軟化と割当て

1．会社法749条と「対価の柔軟化」

　吸収型再編で株式を割り当てる場合を前提に説明してまいりましたが，会社法の下では，割り当てるものは自社の株式に限らず，新株予約権でも社債でも現金でも親会社の株式でも子会社の株式でもかまいません。これを「対価の柔軟化」といいますが，吸収合併では会社法第749条の規定するところです。

　ただ，会社法の条文は複雑すぎて，苦手と思う方が少なくありませんので，持分会社の部分とかっこ書を削除して，次のとおり簡単な文章に直してみました。理解度がぐっと増すはずです。

▲会社法第749条（株式会社が存続する吸収合併契約）の抜粋要約

　1項：会社が吸収合併をする場合において，吸収合併存続会社が株式会社であるときは，吸収合併契約において，次に掲げる事項を定めなければならない。

　　一　株式会社である吸収合併存続会社及び吸収合併消滅会社の商号及び住所

　　二　吸収合併存続株式会社が吸収合併に際して吸収合併消滅株式会社の株主に対して<u>その株式に代わる金銭等を交付するときは</u>，当該金銭等についての次に掲げる事項

　　　イ　<u>当該金銭等が吸収合併存続株式会社の株式であるときは</u>，当該株式の数（略）又はその数の算定方法並びに<u>当該吸収合併存続株式会社の資本金及び準備金の額に関する事項</u>

　　　ロ　当該金銭等が………社債であるときは，………

　　　ハ　当該金銭等が………新株予約権であるときは，………

　　　ニ　当該金銭等が………新株予約権付社債であるときは，………

　　　ホ　当該金銭等が………株式等以外の財産であるときは，………

　　三　前号に規定する場合には，<u>吸収合併消滅株式会社の株主（吸収合併消滅株式会社及び吸収合併存続株式会社を除く）に対する同号の金銭等の</u>

割当てに関する事項

四　吸収合併消滅株式会社が新株予約権を発行しているときは，吸収合併存続株式会社が吸収合併に際して当該新株予約権の新株予約権者に対して交付する当該新株予約権に代わる当該吸収合併存続株式会社の新株予約権又は金銭についての次に掲げる事項　（後略）

五　前号に規定する場合には，吸収合併消滅株式会社の新株予約権の新株予約権者に対する同号の吸収合併存続株式会社の新株予約権又は金銭の割当てに関する事項

六　吸収合併がその効力を生ずる日

２項：前項に規定する場合において，吸収合併消滅株式会社が種類株式発行会社であるときは，………

３項：第１項に規定する場合には，<u>同項第３号に掲げる事項についての定めは，吸収合併消滅株式会社の株主（略）の有する株式の数（略）に応じて金銭等を交付することを内容とするものでなければならない。</u>

　上記第１項第２号の「金銭等」を，「現金など」と解釈しないことです。消滅会社の株式と交換するものですから，合併対価のことであって，存続会社の株式を含みます。合併対価が存続会社の株式である場合は，合併により増加する資本金及び準備金についても合併契約の記載事項になります。これを逆にいえば，合併対価が株式でない限り，資本金や準備金が増えることはないという意味でもあります。

　合併対価は，株式に限らず，社債，新株予約権，新株予約権付社債，株式等（注：「株式，社債及び新株予約権」のこと。107条２項２号ホ）以外の財産（現金など貸借対照表上の既存の資産・負債のこと）の何でもよいとされています。これが「対価の柔軟化」ですが，現実には，「株式，現金，無対価」のいずれかに限られている現状です。無対価とは，対価を交付しないことですが，条文に「その株式に代わる金銭等を<u>交付するときは</u>」とあり，交付しないこともあり得ることを前提としていますので，無対価も許容されています。

「株式，社債及び新株予約権」と「それ以外の財産」とに分けている理由は，前者は既存財産ではなく，会社が新規に発行することができるものだからです（既存財産のない新設型再編の対価はこれになり，新設型再編では対価の柔軟化はなされていません）。

後者の場合に，対価が現金であれば「（企業）買収」，現金以外であれば物々交換になりますが，対価が株式の場合も「株式で支払う合併取引」と考える視点も持ちましょう。この視点は，合併の計算のときに役立ちます。

なお，合併契約とあり合併契約「書」とないのは，合併契約が紙でなくともよいということです。もっとも，登記の際には，書面にした合併契約書の添付が必要です（商登法80条）。

2．自己株式等への割当て

3号かっこ書に「吸収合併消滅株式会社及び吸収合併存続株式会社を除く」とありますから，消滅会社乙の自己株式や乙の株主である存続会社甲の株式には合併対価を割り当てられません。旧商法時代は，存続会社甲の株式にも割り当てられると解釈されていましたが，会社法は明確に否定しました。自己株式の原始取得になるからです（自己が自己に割り当て，自己株式が新規に発生するからです）。

ところで，株式交換に関する会社法第768条第1項第3号では，「株式交換完全親会社を除く」としかなく，株式交換完全子会社の自己株式に対する親会社の株式の割当てを許容しています。なぜでしょうか。ここに会社が解散するかどうかの差が表れています。株式交換では，子会社が解散しませんから，子会社の自己株式にも親会社の株式を割り当て，子会社が親会社の株式を有するようにしないと，親会社の完全支配（100％株式所有）になりませんし，子会社に損を与え，貸借対照表のバランスが合わないことになるからです（これを避けるため自己株式の消却を先行させることが多いといえます）。

吸収分割では，対価の受け手が会社自身ですから，このような問題は生じません。

３．合併比率と割当比率

　吸収存続会社甲と消滅会社乙の合併比率が１対1.5（通常は甲を１とし表示し，２対３などとはしません）のときは，消滅会社乙の１株に対して存続会社甲の株式1.5株を割り当てることになります。合併比率は１株当たりの企業価値の比較であり，合併比率が１対1.5であれば，乙の１株価値のほうが高いことになります。したがって，乙の１株に対して甲の1.5株を割り当てることになります。合併比率と割当比率は逆になるということです。

　また，企業価値にも株式価値にもマイナスは想定されませんから，合併当事会社がいかなる意味での債務超過であろうと合併比率を出せ，合併することができないということにはなりません。

　さて，この場合に，乙の株主に２株所有のA，３株所有のBがいるとき，Aには甲株式を３株割り当てればよいのですが，３株所有のBには4.5株になるので，この端数の0.5には，合併対価が柔軟化されているので，現金交付にしようなどと合併を企画する方も多いようですが，これはとんでもない間違いです。会社法第749条第３項の株主平等原則に反するだけでなく，このようなことを認めれば，端数処理に関する会社法第234条の存在意義がありません。

　会社法第234条によれば，Bの端数などを合計し，例えば，その合計が21.5株になったとすると，この合計数の端数（0.5）を切り捨てて整数の21株につき，裁判所の許可を得て任意売却処分するなどの方法で換金化し，その対価の現金を端数が生じた株主に分配することになっています。この処理は面倒であるため，現実には端数が生じないように工夫します。例えば，合併存続会社の甲で１株を２株に分割すると，合併比率１対1.5が0.5対1.5，すなわち１：３に変わり，端数が生じない吸収合併になります。

　なお，「消滅会社乙の１株に対して存続会社甲の株式１株及び現金１万円を割り当てる」というのであれば，株主平等ですから問題ありません。この場合は，Aには甲株式２株と２万円，Bには３株と３万円の交付になります。

第68話　無対価の組織再編

1．無対価合併

　親会社が100％子会社を吸収合併する例が多いのですが，旧商法時代は，これを「無増資合併」などと呼んでいました。会社法になってからは，無対価合併と呼ぶようになりました。会社法第749条第1項第3号で合併対価の割当てが禁じられているからです。

　この強制的無対価に対して，100％子会社同士で吸収合併する際は，任意に無対価合併が可能です。これは旧商法時代からであり，手前味噌ですが，これを最初に企画し実行したのは私です。

　その際の話をいたしますと，額面株式時代には合併対価は株式に限られ，少なくとも額面分は資本金に計上しなければなりませんでした。いつもどおり，そのつもりでしたら，お客様から雑談で「100％子会社同士の甲と乙の合併なのに，なぜ株式を発行し資本金を増やさねばならないのか」との疑問を提示されました。「もっともだ」と思い，「第1に，甲が株式を発行しても，合併後に株式を併合して，もとの株数に戻せるのだから，無発行でも同じではないか。第2に，100％子会社同士なら，割り当てる株主は自社の株主と同一であり，合併比率は何対何でもよいとされている。親会社は，右ポケットで損をしても左ポケットで同一額を得るからである。であれば，合併比率1対1だけでなく，1対0でもよいはずだ」と考え，登記所と相談して実行したわけです。「顧客は最良の教師」であって，顧客の要望にお応えしようと思い，考え付いたことです。

　なお，上記につき，募集株式の発行でお考えください。子会社乙の株主である自己自身に割り当てる株主割当ては禁じられていますから強制無対価となり，自社の株主と同一人物に割り当てるのは通常の株主割当てと同じだから，割当比率は何でもよいと同時に，とりあえず割り当てて株式併合したのと同様に，無対価割当てもよいといえないでしょうか。

このように，完全子会社同士の無対価合併は，対価の交付が省略されただけで，実際には割り当てたのと同様であることにご注意ください。

上記以外に，合併消滅会社に価値がないから無対価合併にするという場合もありますが，これは上記の強制無対価や株式交付省略の任意無対価と相違し，合併対価0円の無償合併ともいうべきものです。合併の会計処理で，のれんの発生などが生じかねませんので，課税の有無を横に置くと，株式の無償譲渡にし，完全親子間にして強制無対価合併にしたほうが分かりやすいでしょう。

２．無対価吸収分割

無対価吸収合併の類推からか，親子間吸収分割と完全子会社間吸収分割で，よく行われていますが，問題がないわけではありません。

（1）完全親会社が完全子会社に無対価吸収分割

完全親会社が子会社に事業を現物出資したが，株式を交付されなかった場合と同様ですが，株式を交付されると同時に子会社で株式を併合し，もとの株数に戻したのと同様ともいえます。よって，株式交付省略型だともいえますが，親会社の有する子会社株式が評価替えされるわけでもないため，形式上，親会社の財産が減少したとされますので，分配可能額や債権者にも影響しますから，少額の分割にとどめるべきです。抜け殻方式の無対価はリスクがあります。

（2）完全子会社が完全親会社に無対価吸収分割

株式を交付されると，子会社が親会社の株式を取得することになるため，これを避けるために無対価にすることが多いといえます。しかし，グループ全体では損得がないといえても，子会社からみれば，無償で事業財産を親会社に寄付したのも同様です。子会社の株主には影響がないとしても子会社の債権者には影響があります。

旧商法時代は，この無対価は分割会社に対価を交付しないため分割型吸収分割（旧商法の人的吸収分割）の一種で債権者保護手続が必要だとされていましたが，会社法では対価を株主に分配しない無対価は分社型だとされ，分割会社の残存債権者への債権者保護手続が不要だとされました。

したがって，子会社の規模に比して少額の分割であることなど，債権者を害するとはいえない場合に，実行されています。債権者を害する場合でも，会社法上は違法ではありません。債権者に対する詐害行為になるかは別問題です。

（3）完全子会社が他の完全子会社に無対価吸収分割

対価として株式を交付されると，吸収分割承継会社の株主が親会社と分割会社の2社となり，親会社の100％子会社ではなくなるため，無対価にすることが多いといえます。しかし，これも（2）と同様に，グループ全体あるいは親会社に損得はないといえども，分割会社の債権者からみれば，財産を無償で他に譲渡したのと同様です。やはり，旧商法時代は人的分割の1つとされ，債権者保護手続が必要だとされていましたが，会社法では無対価は分社型に属すとされたため，債権者保護手続が不要とされました。したがって，（2）と同様に，分割会社の財産規模に比して少額の分割であることなど，債権者を害するとはいえない場合に，実行されています。

3．無対価株式交換

P社の完全子会社同士（兄弟会社）である甲と乙で，甲を完全親会社として株式交換し，甲株式を乙の株主であるP社に割り当て，同時に株式併合し，もとの株数に戻すなら，無対価吸収合併と同様に株式交付省略型の無対価株式交換が可能です。乙はP社の完全「孫」会社になります（P→甲→乙）。

ただ，会社計算規則に無対価株式交換の規定がなく，会計処理が不明であるという難点があるため，実務では利用しにくい面があります。したがって，株式を発行すれば済むことですが，逆に100％親子会社である「子甲→孫乙」を兄弟会社にするため，親Pと孫乙との間で無対価株式交換を利用しようとすると，この場合は，株式を発行すると，子の甲が親のPの株式を取得することになり，会社としては歓迎しない方法でしょう。

いずれにせよ，株式交換は組織再編の中で最も募集株式の発行に近い制度のため，無対価の場合の会計処理につき規定もなく不明であるため，実務では使いにくいと覚えてください。

第8章 組織変更と組織再編 *229*

| 第69話 | 株主総会決議の強化と簡易・略式再編 |

1．株主総会決議の強化

　組織再編は重大事項ですから，原則として株主総会の特別決議が必要です。例外の1は，公開会社なのに合併対価として譲渡制限株式を交付される場合，非公開会社でも持分会社の持分を交付される場合などで，合併消滅会社の株主が不利益を受ける場合です。この場合は，いわゆる特殊決議（309条3項2号・3号）や，株主全員の同意が必要です（783条2項）。株主総会の特別決議のほかに種類株主総会が必要な場合もあります（783条3項・4項，322条1項）。

　ところで，「合併対価が持分→存続会社は持分会社」と早合点しないでください。株式会社が持分会社の持分を所有しているときに，それを対価にした場合も考えられます。

　なお，吸収分割では会社自身が対価を受領するため，株主に不利益という問題が生じないため，対価が持分であっても特別決議の原則どおりです。

2．株主総会の決議が不要の場合

　例外の2として，株主総会の決議が不要な場合があります。

　第1は，親子間の再編では，子会社の株主総会決議が不要なことです。可決するのが目にみえているからです。これは**略式再編**といいます。親会社であることの基準は子会社の議決権の9割以上を保有していることで，これを**特別支配会社**といいます（784条1項，796条1項）。子会社が吸収合併存続会社や吸収分割承継会社，株式交換完全親会社になる場合も含まれますので，ご注意ください。登記では株主名簿の抜粋を付けて特別支配関係を証明します。ただし，対価として譲渡制限株式の交付になる場合は募集株式の発行等の会社法第199条との均衡上から，株主総会の省略は認められません。

　第2は，小規模再編であることが理由で，これを**簡易再編**といいます。例えば，大企業が小企業を吸収合併するようなケースでは，大企業でわざわざ株主

総会を開催するまでもありません。この小規模の基準は，吸収合併存続会社等の「受け皿会社」の場合は，その純資産額の５分の１以下の純資産額を受け入れる場合です（正確には796条３項を確認ください）。ただし，対価として譲渡制限株式の交付になる場合は募集株式の発行等の会社法第199条との均衡上から，株主総会の省略は認められません。

簡易組織再編である簡易合併の典型的ケースは，無対価の再編であり，株主総会の開催が容易でない上場会社である親会社が100％子会社を吸収合併する際に頻繁に利用されています。平成27年10月施行の会社法の改正で，吸収合併等に反対の株主の買取請求権も差止請求も簡易組織再編全てに否定されましたから（797条１項，796条の２ほか），さらに利用しやすくなったといえます（子会社では略式再編を利用することができます）。ただし，この場合でも，合併の結果，吸収合併存続会社等で純資産額が減少する場合は，株主に与える影響が大きいため，株主総会の特別決議が必要です（796条２項）。

権利義務を出す側の分割会社にも簡易再編があります。こちらの場合は，純資産額ではなく「総」資産額が基準となり，出す事業財産の総資産額が分割会社の５分の１以下の場合です（784条３項，805条）。

したがって，吸収分割の場合は，分割会社でも承継会社でも株主総会の決議が不要となる場合があります。

なお，以上につき２つの注意点があります。

第１は，会社法の条文では，株主総会が必要である旨の規定を「適用しない」とあるため（784条１項等参照），簡易・略式の要件を具備している場合に，あえて株主総会で決議してはいけないのかという点です。これに対しては，簡易・略式再編は再編手続の緩和策だから，あえて原則どおり株主総会の決議を選択することに問題はないというのが旧商法時代からの通説及び実務です。

第２は，簡易再編にあたり，株主総会決議が不要だとあるだけで，取締役会で決議せよとはされていませんが，商業登記実務が取締役会議事録の添付を要求しているため，代表取締役の決定だけで済ますことは事実上困難です。

第70話　組織再編の計算（出資型）

1．株式の交付なくして資本金は増加しない

　組織再編の計算で，法務上重要な問題は，株式を対価にした場合に，資本金額が増えるかどうかです。会社法第445条第1項では，原則として，新株の発行なくして資本金は増加しないというものでした。しかし，組織再編では減資と同様に債権者保護手続がなされたり，債権者が不在の新会社設立行為ですから，出資される額の半分以上を資本金に計上するどころか，資本金への計上額をゼロ円にすることも許されます。また，自己株式を対価にした場合でも資本金を増加することができます（理由は後記します）。

2．株式対価の組織再編の計算の基本は現物出資

　合併消滅会社を乙，合併存続会社を甲とし，それぞれの貸借対照表は下記のとおりだとして，吸収合併を例に組織再編の計算の基本的考え方を説明しますと，次のようになります。

　吸収合併では，乙が解散して，裸になった事業財産（資産Aと負債B）が甲に現物出資されたとみる計算方法が原則です。甲と乙が親子間，兄弟会社間など同一企業グループ間（これを「**共通支配下関係**」という）のときは，甲は乙の資産Aと負債Bにつき乙の帳簿価格（簿価）で受け入れるが，第三者間（これを「**支配取得**」という）の場合は，M&Aないし企業買収（株式で支払う合併による乙の事業取得）と考えて，支払う代金（買収価格）に相当する対価株式の時価（これを「**対価時価**」という）あるいは受け入れる乙の財産（AとB）

の時価（及び「のれん」）で甲の帳簿に計上するという差があります。これは，募集株式の場合も同様でした（計算規則14条1項2号）。

　個別の財産（AB）の時価合計が100でも事業価値としては150ということがありますから，対価時価150と受け入れる時価合計100との差は「のれん」になります。このように組織再編の計算の基本は，企業買収（事業の取得）に対する対価の支払いですから，時価（＋のれん）取得を原則とし，すでに買収済みの同一企業グループ内では簿価での事業の再編と構成されます。

　合併対価の全部が甲の自己株式X円のときは，受入れ財産（時価又は簿価）からX円を控除した正味の純資産増減額の範囲で，甲の株主資本が増減します（増加するとは限らないので変動額といいます）。合併対価が「株式＋現金X円」などというときも，株式以外の会社から出て行く現金X円を控除し，株式に対応した正味の純資産増減額を計算します。この正味の純資産増減額を甲の**「株主資本等変動額」**といいます。株式募集の際に，資本金等増加限度額（計算規則13条）という用語がありましたが，その組織再編版です。株主資本等の「等」は，持分会社の社員資本を含んだ概念として用いられているためです。

　甲は，この受け入れた株主資本等変動額の範囲で，原則として自由に資本金，資本準備金，その他資本剰余金に振り分けることができます。募集株式の発行等と相違し，半分以上を資本金の額に計上しなければならないという制約はなく，全額をその他資本剰余金に計上することも可能です。債権者保護手続がなされる吸収合併手続につき，「吸収合併＝増資＋減資＋α＋解散」と捉えて，いったんは資本金や資本準備金に計上しても，同時にそれを全額取り崩したと考えればよいでしょう。また，特筆すべきは，対価の全部が自己株式でも，資本金を増加することができることです。これは，自己株式処分差益として，その他資本剰余金に計上すると同時に，それを資本に組み入れたと考えればよいでしょう。

　以上の知識があれば，会社計算規則第35条の読み取りも可能だと信じます。例によって，かっこ書などを削除し，分かりにくい用語を具体例にしたりして，書き直してみることをお勧めします。

▲会社計算規則第35条（抜粋及び要約）

1項：甲の対価の全部又は一部が吸収合併存続会社の株式である場合には，甲において変動する株主資本等の総額（株主資本等変動額）は，次の各号に掲げる場合の区分に応じ，当該各号に定める方法に従い定まる額とする。

　一　当該吸収合併が支配取得に該当する場合（略）

　　　吸収型再編対価時価又は吸収型再編対象財産の時価を基礎として算定する方法

　二　甲と乙が共通支配下関係にある場合

　　　吸収合併の直前の（乙の）帳簿価額を基礎として算定する方法（略）

　三　前2号に掲げる場合以外の場合　前号に定める方法

2項：前項の場合には，甲の資本金及び資本剰余金（注：資本準備金とその他資本剰余金）の増加額は，株主資本等変動額の範囲内で，吸収合併存続会社が吸収合併契約の定めに従いそれぞれ定めた額とし，利益剰余金の額は変動しないものとする。ただし，株主資本等変動額が零未満の場合には，当該株主資本等変動額のうち，対価自己株式の処分により生ずる差損の額をその他資本剰余金（略）の減少額とし，その余の額をその他利益剰余金（略）の減少額とし，資本金，資本準備金及び利益準備金の額は変動しないものとする。

　以上は吸収分割や株式交換でも，ほぼ同様ですから，会社計算規則第37条と第39条をご確認ください。第2項ただし書については説明しませんでしたが，簿価債務超過のまま正味でマイナスの財産を受け入れたような場合は，原則として，その他利益剰余金が減少するというもので，株式募集の会社計算規則第14条第2項第2号に対応するものです。

　なお，債権者保護手続を必要としない株式交換の場合は，「株式交換＝増資＋減資＋α」とはいえないため，自己株式に対応する部分を除くと株主資本等変動額の全額を資本金又は資本準備金にしなければなりません（計算規則39条2項ただし書）。株式交換は募集株式の発行等に近い組織再編だといえます。

第71話　組織再編の計算（BS合算型）

1．共通支配下関係以外の簿価現物出資の会計処理

　第三者間での組織再編は「他社の事業に対する支配を取得」するためだから，買収価格（代金を意味する対価時価）で貸借対照表に計上するのが原則だが，買収済みと評価される同一企業集団内のグループ再編（共通支配下関係）であれば，簿価で財産を受け入れると説明しました。

　会社計算規則第35条第1項には，同第3号に「前2号に掲げる場合以外の場合　前号に定める方法」（つまり簿価で受入れ）とあり，支配取得，共通支配下関係以外についても規定していますが，これは第三者企業間の「逆取得」と「共同支配企業の形成」といわれる場合です。

　逆取得というのは，支配取得の逆で，実質は甲が乙を支配取得により合併するのだが，形式上は乙を合併存続会社にするようなケースです。甲が中心ですから，甲の簿価を基準に結合します。共同支配企業の形成というのは，甲と乙で合弁事業を開始するなど，契約によって依然として甲及び乙の支配を排除しない事業結合ですから，簿価での結合になります。

　結局のところ，支配が継続する場合は簿価のままでよいが，支配されるようになるときは時価を基準に財産が引き継がれることになります。

2．簿価結合の例外として資本金の合算型会計処理

　簿価で財産を受け入れる場合として，上記のように，共通支配下関係，逆取得，共同支配企業の形成という3つの類型がありましたが，簿価での受け入れなら，ちょうど法人と法人が現状のまま合体したのと同様に，貸借対照表をそのまま合体させる会計処理があってもよさそうです。この場合は，法人と法人が合体したのと同様に考えるわけですから，株主も一人残らず合併会社に統合させなければなりません。よって，合併対価の「全部」が株式である場合に限られます。わが国ではこの会計処理に慣れているのか，会社計算規則第36条第

１項もこの処理を例外的に認めています。前に説明した古い時代の合併学説の「人格合一説（人格承継説）」が計算処理の面で生き残っているともいえるでしょう。出資型の会計処理ではないため，その他利益剰余金も引き継げますが，資本金額が過大になるという難点があります。

▲会社計算規則第36条第１項（抜粋・要約）

　前条の規定にかかわらず，吸収型再編対価（注：合併対価のこと）の全部が吸収合併存続会社の株式である場合であって，吸収合併消滅会社における吸収合併の直前の株主資本等（注：資本金等の各項目のこと）を引き継ぐものとして計算することが適切であるときには，吸収合併の直前の吸収合併消滅会社の資本金，資本剰余金及び利益剰余金の額をそれぞれ当該吸収合併存続会社の資本金，資本剰余金及び利益剰余金の変動額とすることができる。ただし，対価自己株式又は先行取得分株式等がある場合にあっては，当該対価自己株式又は当該先行取得分株式等の帳簿価額を吸収合併の直前の吸収合併消滅会社のその他資本剰余金の額から減じて得た額を吸収合併存続会社のその他資本剰余金の変動額とする。

　冒頭に「前条の規定にかかわらず」とあるとおり，例外的な会計処理です。本文の「吸収合併消滅会社における吸収合併の直前の株主資本等を引き継ぐものとして計算することが適切であるとき」とは，簿価による財産引継ぎが適切な場合という意味ですから，支配取得の企業結合である組織再編には適用されません。第三者企業間の企業結合のうちの逆取得と共同支配企業の経営に該当する場合並びに共通支配下関係の場合です。

　ただし書の「先行取得分株式等」とは，合併存続会社が有する消滅会社株式（一般に「抱き合わせ株式」という）や消滅会社の自己株式のことです（計算規則２条３項39号）。合併とともに消滅するため，その他資本剰余金で処理するという意味です。対価自己株式は，合併対価として自己株式が使われた場合ですが，募集株式における自己株式の処分と同様に，会社財産からその帳簿価額が消えるため，やはり「その他資本剰余金」から減額するという意味です。

第72話　2種類の無対価合併

1．2種類の無対価合併

　無対価合併には，完全親会社が完全子会社を吸収合併する強制無対価合併と，完全子会社同士の株式交付省略型の任意無対価合併の2つがあると説明しました。縦型と横型ですが，会計処理は大きく相違します。

2．縦型は損益計算書の合併

　株式投資で100万円投資して，株価が120万円になった時に売却して資金を回収すれば，20万円の儲けです。実は，完全親会社が完全子会社を吸収合併する強制無対価合併の計算はこれと同じで，資本取引とは考えません。

　甲がX円（例えば1000万円）を出資して，100％子会社の乙を設立したのですが，数年後に乙を吸収合併したとします。その時の乙の純資産額はY円（例えば1200万円）だとします。この段階で合併することは，X円を投資してY円を回収したといえないでしょうか。儲けは200万円です。Y円が800万円なら，200万円の投資損です。これを**抱き合わせ株式消滅損益**といいます。損益計算書上の特別損益に計上されます。

　抱き合わせ株式というのは，合併存続会社が有する消滅会社の株式のことで，本件では，甲の貸借対照表の資産に計上されている乙株式のことですが，合併で乙が消滅しますので，乙株式も消滅しますが，見返りに乙会社の資産と負債の合計額であるY円が甲に入ってくるわけです。

　この抱き合わせ株式消滅損が生じる合併は簡易合併が認められません。この損失は，損益計算書上の期中の損失であり，直ちに貸借対照表に影響するものではありませんが，合併時に「貸借対照表の作成があったもの」（施行規則195条）として簡易合併の可否を判定するため，この損失も一種の合併差損として扱われるからです。甲が乙に増資してY円をアップしても，X円もアップするため，抱き合わせ株式消滅損は解消いたしません。

3．横型はBS合算型の変形

　完全子会社同士の横型の合併は，共通支配下関係の簿価合併です。しかも，いったん株式を発行し，同時に株式併合したのと同じ株式交付省略型です。現金0円の無償無対価合併とは相違します。

　もし，株式を発行したのなら，貸借対照表の合算型である会社計算規則第36条第1項が適用されるケースですが，形式上は株式を発行していませんので，資本金や資本準備金を増やすことができません。そこで，第2項が設けられました。株式の交付なくして資本金や資本準備金は増えないという原則がここにも生きています。

　なお，完全子会社同士に限らず，合併存続会社の株主と消滅会社の株主が共通で持分比率も同じであれば（例えば，株主A・Bの2人が甲と乙の株式を7対3の比率で保有），理屈上は，この株式交付省略型の無対価合併を肯定してもよさそうですが，課税上の取扱いが完全子会社同士の場合と異なるようですので，必要な場合は，税務の専門家にご確認ください。

　さて，会社計算規則第36条第2項は次のとおりです。

▲会社計算規則第36条第2項

　<u>吸収型再編対価が存しない場合であって</u>，吸収合併消滅会社における吸収合併の直前の株主資本等を引き継ぐものとして計算することが適切であるときには，吸収合併の直前の吸収合併消滅会社の資本金及び資本剰余金（注：資本準備金とその他資本剰余金のこと）の合計額を当該吸収合併存続会社のその他資本剰余金の変動額とし，吸収合併の直前の利益剰余金（注：利益準備金とその他利益剰余金のこと）の額を当該吸収合併存続会社のその他利益剰余金の変動額とすることができる。ただし，先行取得分株式等（注：抱き合わせ株式や消滅会社の自己株式のこと）がある場合にあっては，当該先行取得分株式等の帳簿価額を吸収合併の直前の吸収合併消滅会社の資本金及び資本剰余金の合計額から減じて得た額を吸収合併存続会社のその他資本剰余金の変動額とする。

　要するに，消滅会社乙の資本勘定の合計が甲のその他資本剰余金に計上され，

利益勘定の合計が甲のその他利益剰余金に計上されます。株式交付省略型とはいえ，現実に株式を交付していないため，資本金や準備金を増加することができないため，このような会計処理にしたものと思われます。

4．計算規則36条2項と縦型無対価合併

会社計算規則第36条第2項には，「吸収型再編対価が存しない場合であって」とあるため，無対価の場合の規定であることは文理上も明らかですが，この表現に引きづられて，親子間の縦型合併にも本条項が適用されると勘違いする方が少なくありません。しかし，親子間合併は「吸収合併消滅会社における吸収合併の直前の株主資本等を引き継ぐものとして計算することが適切であるとき」に該当いたしません。

では，次には，親子間合併の無対価は計算規則の何条に規定されているのかという当然の疑問が生じますが，現行の会社計算規則には規定がありません（改正前の会社計算規則にはありました）。しいていえば，会社法第431条の「株式会社の会計は，一般に公正妥当と認められる企業会計の慣行に従うものとする」が根拠法令ということになります。

蛇足ですが，合併とは消滅会社の株主に合併対価を交付することができるものをいうのであって（749条1項2号参照），交付したくても交付することのできない完全親子間合併は，本来の合併とはいえないため，規定もなく，特殊な会計処理になるとは考えられないでしょうか。

なお，実例は少ないのですが，完全子会社が合併存続会社となり，完全親会社を吸収合併する場合は，対価を割り当てることができますので，横型の会計処理になります。また，これは逆取得ではありません。共通支配下関係だからです。この場合の子会社株式は合併により自己株式になりますが，この承継する自己株式も合併対価にすることができます。

第8章　組織変更と組織再編　*239*

第73話　計算の復習と計算規則39条2項問題

1．計算の基礎の復習

募集株式の資本金等増加限度額の計算の説明の際に，「要するに，会社に入ってくる額（合計出資額）から出て行く額（自己株式の簿価）を控除した正味の増加額を計算しているだけのことです。売上から原価を控除した儲けの計算そのものです。自己株式処分差損が生じる場合の会社法第445条第1項の「株式の発行に際して株主となる者が当該株式会社に対して払込み又は給付をした財産の額」とは，グロスの合計出資額ではなく，ネットの正味出資額だというわけです」と説明しました（本書173頁）。

組織再編における株主資本等変動額についても「合併対価の全部が甲の自己株式X円のときは，受入れ財産（時価又は簿価）からX円を控除した正味の純資産増減額の範囲で，甲の株主資本が増減します（増加するとは限らないので変動額といいます）。合併対価が『株式＋現金X円』などというときも，株式以外の会社から出て行くX円を控除し，株式に対応した正味の純資産増減額を計算します。この正味の純資産増減額を甲の**『株主資本等変動額』**といいます」と説明したことを思い出してください（本書232頁）。

このように会社の計算は，取引の発想で，「入」と「出」の差，売上と原価の差額の儲け，差益などを計算しているだけの話です。小学生並の算数で，少しも難しいことではありません。合併取引による儲けのことを「合併差益」といいますが，これが合併における株主資本等変動額です。

2．計算規則39条2項ただし書

さて，株式交換では，対価の全部を完全親会社の株式とすることが多いといえますが，意外にも話題となることが少ない組織再編です。なぜかといいますと，対価の全部が株式のため新株予約権付社債でも承継しない限り債権者保護手続が不要ですから，債権者異議申述公告が官報等に掲載されることもなく，

また，上場会社では，この対価の全部を自己株式にすることが多いため，完全親会社の発行済株式の総数にも変化が生じず，登記も不要になるからです。この債権者保護手続が不要な株式対価の株式交換の計算については，会社計算規則第39条第2項ただし書が定めています。株主資本等変動額を理解しているかが試される条文です。

▲会社計算規則第39条第2項ただし書

　ただし，法第799条（略）の規定による手続をとっている場合以外の場合にあっては，株式交換完全親会社の資本金及び資本準備金の増加額は，株主資本等変動額に対価自己株式の帳簿価額を加えて得た額に株式発行割合（略）を乗じて得た額から株主資本等変動額まで（株主資本等変動額に対価自己株式の帳簿価額を加えて得た額に株式発行割合を乗じて得た額が株主資本等変動額を上回る場合にあっては，株主資本等変動額）の範囲内で，株式交換完全親会社が株式交換契約の定めに従いそれぞれ定めた額（略）とし，当該額の合計額を株主資本等変動額から減じて得た額をその他資本剰余金の変動額とする。

　慣れないと，意味不明と思うことでしょう。

　対価の全部を株式とする株式交換の株主資本等変動額は，「株式交換差益」のことですから，「受け入れる子会社株式総額−自己株式簿価」で計算されます。この算式に自己株式簿価を加算すると「受け入れる子会社株式総額」になります。つまり，「株主資本等変動額に対価自己株式の帳簿価額を加えて得た額」とは「受け入れる子会社株式総額」のことに過ぎません。

　これを前提に完全親会社を甲，子会社を乙として，上記の条文を読み替えてみましょう。

　──会社法第799条の債権者保護手続が不要な場合にあっては，甲の資本金及び資本準備金の増加額は，受け入れる乙株式の総額に株式発行割合を乗じて得た額から株主資本等変動額まで（乙株式の総額に株式発行割合を乗じて得た額が株主資本等変動額を上回る場合にあっては，株主資本等変動額）の範囲内で，甲が株式交換契約の定めに従いそれぞれ定めた額とし，当該額の合計額を

株主資本等変動額から減じて得た額をその他資本剰余金の変動額とする――

　要するに，受入れ株式総額1000，新株式８割，自己株式２割でいうと「計算規則14条１項と同様に，自己株式処分差損（例：△100）が生じて（正味受入れ額の）株主資本等変動額（例：700）が株式発行割合額（例：800）より下回る場合は，株主資本等変動額（700）の範囲で資本金・資本準備金を増加し，自己株式処分差益（例：100）が生じ株式発行割合額（800）が株主資本等変動額（例：900）を下回る場合は株式発行割合（800）までとし，自己株式処分差益はその他資本剰余金に計上することでよい」が，ここは募集株式の場面ではないので，「後者の場合でも自己株式処分差益（100）の分を含む株主資本等変動額の全額（900）までを資本金・資本準備金の増加額にしてもよい」ということです。

３．全額をその他資本剰余金にする方法

　もし，対価が全て新株式の場合は，「受け入れる乙株式総額＝株式発行割合額＝株主資本等変動額」となりますから，全額を資本金と資本準備金に計上しなければなりません。通常は全額を資本金よりも拘束性の少ない資本準備金にします。しかし，債権者保護手続が必須の吸収合併などでは，株主資本等変動額の全額をその他資本剰余金に計上することができるのに，株式交換ではできないという不都合が生じます。

　そこで，どうすべきかといいますと，私は，株式交換で資本準備金が増加することを前提に，会社法第448条第３項に基づき，取締役会で資本準備金の減少を決議し，債権者保護手続をすればよいと主張してきました。事前に具体的な金額が不明な点が課題でしたが，「株式交換によって増加する額」ということで特定することができますので，問題はないでしょう。その後，著名な上場会社２社が平成24年にこれを決議し実行いたしました。

　なお，それ以前には，対価の全部が株式にもかかわらず，任意に債権者保護手続をし，その他資本剰余金に計上した上場会社が存在しましたが，これは会社法第799条の法定の債権者保護手続ではなく，不適切だといわれています。

242

第74話　組織再編の手続に関する実務Q＆A

Q1　10月1日に子会社同士を合併させたいのですが，いつ頃から準備しなければなりません。

A1　次の日程表でご確認ください。債権者異議申述公告の期間が最低1か月のため，少なくとも2か月前から準備を開始してください。

（吸収合併日程表案）

日程	合併存続株式会社・合併消滅株式会社
8月01日（　）	事前準備（決算公告済みかなどの確認など）
8月16日（　）	合併契約の締結，公告の手配，催告先の洗い出し
	取締役会合併承認決議（株主総会を招集する場合には，合併承認総会の招集決定）
8月25日（　）	合併契約等の事前備置
	官報にて連名で合併公告，債権者への個別催告。消滅会社では必要により，株券提出手続
9月初旬	株主への通知。必要により合併契約承認総会招集通知発送
9月10日頃	効力発生日の20日前（株主等への通知期限）
9月20日（　）	必要により臨時株主総会（議案＝合併承認）
9月25日（　）	債権者異議申述の期間満了
10月01日（　）	合併効力発生日／合併・解散登記申請
10月中旬	合併登記済の確認，解散登記済の確認

Q2　上記の日程表によると，株主総会で合併の承認を得る前に合併公告を掲載していますが，こんなことできるのでしょうか。

A2　合併契約の条項に「本契約は，株主総会の承認が得られないときは効力を失うものとする」などと定め，解除条件付契約にするのが一般です。これであれば，総会の前から契約も有効です。時たま，株主総会の承認を停止条

第8章　組織変更と組織再編　　*243*

件とし，総会の承認の時から契約が有効となる契約内容をみかけますが，ご指摘のような問題点があるといえましょう。もっとも，合併公告なども株主総会の承認を停止条件にして事前に異議の有無を確認していると考えれば，問題はないといえます。会社法自体も，上記の日程を認めており，合併の効力発生日までに全ての手続が済んでいれば，それでよしとしています。

Q3　8月25日に合併公告を掲載した場合の異議申述期間の満了日につき，9月25日とある書籍と9月26日とある書籍があります。どうしてこういう差が生じるのですか。

A3　9月25日夜12時が満了時ですから，満了日を書くときは25日とし，満了の効力発生日（解禁日）を書くときは9月26日（午前0時）と書くため，こういう差が生じただけです。

Q4　合併契約に「甲は，合併に際して，○○株を交付することとし，<u>効力発生日前日最終の</u>乙の株主名簿に記載された乙の株主に対して，その所有する乙株式1株に対して△△の割合で割り当てる」という下線部分につき，最近は「<u>効力発生直前の</u>」とする例が増えてきたと聞いていますが，何か問題があったのですか。

A4　吸収合併消滅会社や株式交換完全子会社の反対株主が買取請求を行使した場合に，その買取りの効力が効力発生日に生じるため（786条5項），効力発生日の前日基準では反対株主に割り当ててしまうことになりかねないという配慮です。「前日最終の」を「効力発生日最初の」と解釈してもらえれば問題ないでしょうが，文字どおり前日基準と読み取られるおそれがあるためです。

Q5　6月下旬に開催予定の定時株主総会で翌年4月1日を効力発生日とする吸収合併契約を承認いたします。その際，翌年4月1日付の商号等の定款変更や役員の選任を決議したいのですが，9か月先のことまで決議して大丈夫でしょうか。

| A5 | 役員の予選に関しては長期のものは適当でないとされていますが，吸収合併という特殊な事情がある場合には，問題なく肯定されており，実例も多数存在します。特に上場会社の場合は，このために臨時株主総会を開催するのは，事実上困難です。

| Q6 | 「甲(親) – 乙(子) – 丙(孫)」において，甲乙合併と甲丙合併の2つにせず，まず乙を存続会社として乙丙合併をし，同時に甲を存続会社として甲乙合併をしたいのですが，可能ですか。

| A6 | 甲乙丙が登記所の管轄を異にする場合は，乙丙合併の登記申請の際に乙が甲に合併されて消滅しているという問題が生じますが，実例もあり，こういう第1合併，第2合併方式も肯定されています。

　その他，合併と同時に会社分割するなど錯綜的な組織再編も多数行われています。その際に，合併を先行して登記申請し，会社分割等を合併の後にすると，会社分割の対象会社が合併により解散しており，登記することができないという事態も発生しますので，要注意です。

| Q7 | 組織再編の登記の方法はどうするのですか。例えば，東京のA社が合併存続会社で，大阪のB社が消滅会社のとき，2つの登記所に一斉に申請するのですか。

| A7 | 受け皿会社であるA社を管轄する東京法務局に，①A社の合併申請，②大阪B社の合併解散申請の2つを並べて同時に申請します。東京法務局で①と②を審査し，問題なければA社につき登記し，B社分はB社を管轄する大阪法務局に転送し，大阪法務局でB社につき登記します。新設型再編でも同様であり，新会社を管轄する登記所に，既存会社の登記申請書を提出します。

| Q8 | 組織再編の手続は複雑で，何かを漏らしてしまいそうです。対策はありませんか。

| A8 | 所詮は会社の利害関係者に対して承認を求める手続に過ぎません。次

のように利害関係者別に分けてチェックしてください。

　　①株主向け＝株主総会，反対株主への通知，株券提出手続の確認

　　②債権者向け＝異議申述公告と催告，これに関連して貸借対照表の開示又
　　　　は決算公告の確認

　　③新株予約権者，登録株式質権者向け＝通知その他

　このうち，債権者異議申述公告と株券提出公告だけは，期間制限があり，忘
れてはならない手続です。株主や債権者から同意を得ても，会社が知らない債
権者や株主に対しても呼びかけているので，手続の省略を認められません。

....

Q9　最も頭を悩ますのは，許認可手続の要否だと思うのですが，こういう
ことについても，司法書士等に相談することができるのでしょうか。

A9　相談は可能ですが，許認可はあまりに幅広く，司法書士等も全てに
通じているわけではありませんから，これは会社の責任として，漏れがないよ
うにしていただくしかありません

....

Q10　新設型再編で注意すべき点は何ですか。

A10　純粋の株式会社の設立手続と同様に，新設会社の本店所在場所や代
表取締役，株主名簿管理人は誰が決定するのかという問題があります。発起人
に該当する当事会社が定めるとしても，新設分割計画等の承認と同様に，当事
会社の株主総会あるいは取締役会の決議まで必要かなどという問題が生じます。
そこで，こういう問題も新設分割計画等に定めてしまうか，その一部である定
款の附則に定めてしまうのが安全です。

　この理を押し通すと，株主名簿管理人との契約も設立時代表取締役には締結
権限がないことになりますが，新設分割計画等（又は定款）に特定の株主名簿
管理人名が定めている限り，単なる履行行為と扱われるのか，この部分に関し
ては，登記実務上も厳しい運用はなされていないようです。

第9章

会社法の考え方

第75話　総まとめ（会社法の考え方）

第75話　総まとめ（会社法の考え方）

　会社法につき私流の解説を続けてまいりましたが，いかがだったでしょうか。新株式の発行を自己株式の処分と同様に，「新株式の売却」と思考せよなどと説明し，いささか驚かれたかと思いますが，ぜひ，覚えること（知識）よりも，会社法の「ものの見方，考え方，捉え方」を重視してください。そうすれば，新しい論点についても，十分に対応することができるというものです。

1．会社法の思考と構造

（1）旧商法を裏から構成

　募集株式については，旧商法の「発行価額」が会社法では「払込金額」になりました。発行側からではなく，反対側の出資側から構成したためです。

　旧商法では，発行価額が1株当たり100円で払込金額が150円なら，1株当たりの資本金増加額の上限は100円でしたが，会社法では出資側からみるので，150円になりました。これは，新株の代金は会社が決めた100円ではなく，実際に支払われた150円だという正当な見方です。

　株式の譲渡制限も取得の制限となりました。株式の譲渡制限は，譲渡する株主側を制限するわけではなく，譲渡先，すなわち取得者側に制限を設けるものですから，会社法の表現が正しいというべきでしょう。

（2）取引型構成と対価の柔軟化

　旧商法時代の転換株式には，A種1株が普通株式1株に変身する場合はともかく，1株が2株に転換（変身）したような場合に，発行済株式の総数はどうなるのか，額面株式だとして資本金計上額がどうなるのかという問題がありましたが，会社法では，変身型ではなく，「会社の取得」と「対価の交付」という取引型に変わりました。

　また，組織再編も，「承継させること」「取得させること」などと定義し，また合併対価などという表現を使うように取引型の構成になりました。

取引型の構成であれば，株式の交付も現金の交付も「対価（代金）の交付」として統一的に思考することができますから，組織再編の対価は「金銭等」という名称でまとめられました。合併も株式交換も転換株式も対価が株式であれば，「株式で支払う」事業や株式の取得と思考することができます。株式も代金の一種ですから，支配取得の吸収合併における株主資本等変動額の計算は，取得する財産の時価（及びのれん）だけでなく，支払う対価の時価で計算することができます。これであれば，財産の時価合計及びのれんの評価というより，企業価値や事業価値の対価と構成しやすくなります。

（3）効力発生日基準

　合併等の手続につき，旧商法では，決議して公告して効力発生日が到来して登記するという「これから」の手続について規定していましたが，会社法では，効力発生日までに，決議も公告も全部済んでいるかという「これまで」の思考に変わりました。結果からみれば，あれとこれが済んでいるかが重要であって，その順序は大きな問題ではないことになりました。株主総会決議前に減資公告や合併公告を出してもよいことになりました。

　ただし，株式移転などの新設型再編においても，効力発生日の思考を持ち込み，会社法第219条は，「効力が生ずる日」までに株券を提出せよと規定しています。しかし，設立登記となる新設型再編の「効力が生ずる日」は登記申請した日ですから，「登記するまでに株券を提出せよ」といわれても，いつ登記するのかは会社の任意ですから，これは勇み足規定でしょう。

（4）因数分解思想

　準備金の資本組入れは，準備金の減少と資本金の増加の２つになりました。前者には株主総会決議が必要になりましたが，同時に，一部を資本組入れし，一部を組入れないこともできるようになりました。資本金の増加という結果からみれば，準備金が原資になったのか，利益が原資になったのかなどは直接の関係はないことになります。準備金の減少は準備金の減少，資本金の増加は資本金の増加です。同様に，株式併合は株式併合，発行可能株式総数は発行可能株式総数というデジタル思考が会社法の特徴でしたが，これは行き過ぎたのか，

会社法の改正で一部が修正されてきました。株式併合の決議の際に発行可能株
式総数の減少も決議させるなどです。

2. 企業活動の邪魔をしないのが会社法の制定趣旨

　ある会社法立案者が会社法の説明の際に発言した内容です。この発想で，企
業や団体のニーズを次々に取り入れました。税理士界の要望で会計参与が導入
され，中小企業団体の要請で会計限定監査役が残され，新しい会社法の目玉商
品として資本金0円会社の設立などが規定されました。しかし，これが結果的
に，改正案につながっていった面があります。

3. 会社法と商業登記

　会社分割の簡易分割につき，総資産額の5分の1以下の分割であれば，株主
総会の決議が不要だとされています（784条3項，805条）。では，総資産額の
0.1％にも満たない極小の会社分割についての承認機関は，どこでしょうか。

　それなりの会社では，取締役会規則で，ここからここまでは取締役会で決定
しなければならないと規定しており，こんな小さな会社分割は代表取締役マ
ターでしょう。会社法も，株主総会の決議が不要と定めているだけで，取締役
会決議でなければ不可とは規定していません。しかし，商業登記法第85条，第
86条は，取締役会決議以外を認めていません。

　特大の上場会社が100万円で合同会社を子会社として設立し，代表社員に
なったとします。この場合の職務執行者の選任は，特大の上場会社の取締役会
で決定しなければならないとするのが登記の基本通達（平成18年3月31日法務
省民商第782号）です。

　裁判であれば，実体法解釈が中心となり，個別案件で対応が異なりますが，
登記は行政行為という側面があり，個別事情に十分に対応することができませ
ん。それが登記の長所でもあり短所でもあります。だから，会社法実務は面白
いのだともいえます。

[著者紹介]

金子 登志雄 （かねこ　としお）

　組織再編等会社法務専門司法書士。

　群馬県生まれ。慶応大（法）卒（民法ゼミ）。信託銀行（官公庁・法人担当）を早期に退社後，いくつかの職歴を経て，昭和62年，公認会計士集団と共に日本最初のM＆A専門会社設立（総務法務担当役員）。平成3年，アクモス株式会社を設立（総務法務担当役員）。平成8年，同社を株式公開。同年，司法書士登録。平成11年，アクモスで日本最初の株式交換を実行。平成14年，実戦的な企業法務研究集団のＥＳＧ法務研究会設立（代表就任）。以後，関係する会社役員を非常勤にして会社法務手続専門司法書士として今日に至る。

　M＆A，組織再編，株式公開等の手続経験が豊富（30年以上）で，実務家（司法書士・税理士・弁護士・企業法務部等）向けの著書多数（詳細は下記ＨＰ参照）。自らの体験に基づいた独自の解説に定評があり，長期ベストセラー『「会社法」法令集』（中央経済社）の重要条文ミニ解説者としても知られる。

（著者及びＥＳＧ法務研究会連絡先）

〒101-0052

http://www.esg-hp.com/

東京都千代田区神田小川町三丁目26番地

ユニゾ神田小川町三丁目ビル4F

司法書士金子登志雄事務所内

総務・法務担当者のための会社法入門

2017年11月10日　第1版第1刷発行	
2020年8月25日　第1版第4刷発行	

著　者　金　子　登志雄
発行者　山　本　　　継
発行所　㈱中央経済社
発売元　㈱中央経済グループ
　　　　パブリッシング

〒101-0051　東京都千代田区神田神保町1-31-2
電話　03 (3293) 3371(編集代表)
　　　03 (3293) 3381(営業代表)
http://www.chuokeizai.co.jp/
印刷／三英印刷㈱
製本／㈲井上製本所

© 2017
Printed in Japan

＊頁の「欠落」や「順序違い」などがありましたらお取り替えいた
しますので発売元までご送付ください。（送料小社負担）
ISBN978-4-502-24611-1　C3032

JCOPY 〈出版者著作権管理機構委託出版物〉本書を無断で複写複製（コピー）することは，著作権
法上の例外を除き，禁じられています。本書をコピーされる場合は事前に出版者著作権管理機構
（JCOPY）の許諾を受けてください。
　JCOPY 〈http://www.jcopy.or.jp　e メール：info@jcopy.or.jp〉

募集株式と種類株式の実務〔第2版〕

新株式発行の正確な意義と募集手続、自己株式の処分、種類株式の発行についての手続を、書式や実例とともに対話調で楽しく解説。株式の本質がわかる、実務家必読の内容！

金子登志雄・富田太郎【著】　　2014年5月刊／Ａ５判ソフトカバー／264頁

親子兄弟会社の組織再編の実務〔第2版〕

親子兄弟会社間の組織再編手続（特に無対価の合併・分割）を第一人者が解説。第２版で、改正会社法（26年6月成立）を踏まえて全編を見直すとともに、新しい論点を加筆。

金子登志雄【著】　　2014年7月刊／Ａ５判ハードカバー／416頁

事例で学ぶ会社法実務〔全訂版〕

既刊『事例で学ぶ会社法実務〔設立から再編まで〕』を全面改訂。質問数122項目（47％）アップで密度の濃い１冊！　司法書士や企業の法務担当者が疑問に思う点を、最新法令に即してＱ＆Ａで平易に解説。　　2018年4月刊／Ａ５判ソフトカバー／416頁

東京司法書士協同組合【編】　　金子登志雄・立花宏・幸先裕明【著】

事例で学ぶ会社の計算実務
—会計人のための仕訳例付き

東京司法書士協同組合【編】
金子登志雄・有田賢臣【著】

旧版『事例で学ぶ会社法実務〈会社の計算編〉』の内容に、税理士や公認会計士のための仕訳例を多数追加。Ｑ＆Ａ形式で、会社法・商業登記実務と会社の計算実務双方がわかる！

2018年9月刊／Ａ５判ソフトカバー／384頁

組織再編の手続〔第2版〕（商業登記全書・第7巻）

会社法実務のベテラン司法書士による組織再編手続の決定版、待望の第２版です。平成28年4月公布の「商業登記規則等の一部を改正する省令」までをフォローしています。

金子登志雄【著】　　2016年6月刊／Ａ５判ハードカバー／520頁

商業登記実務から見た
合同会社の運営と理論

金子登志雄【監修】
立花　宏【著】

設立後の社員の加入、持分の相続、社員の退社に伴う持分払戻しの計算など、設立が容易である一方、その後の変更手続に難解な点の多い合同会社の運営実務を明解に紐解く決定版！

2019年2月刊／Ａ５判ソフトカバー／252頁

「会社法」法令集〔第12版〕

民法改正に伴う改正、令和元年改正、令和２年５月改正など数次の会社法改正、令和２年５月の法務省令改正（コロナ対応）まで収録。人気の１行コメント（金子登志雄先生執筆）も、さらに充実！　　2020年7月刊／Ａ５判ソフトカバー／728頁

中央経済社